中国企业创新能力评价报告 2022

中国科学技术发展战略研究院
中央财经大学经济学院 著

·北京·

图书在版编目（CIP）数据

中国企业创新能力评价报告 . 2022 / 中国科学技术发展战略研究院，中央财经大学经济学院著 . —北京：科学技术文献出版社，2023.2
ISBN 978-7-5235-0001-9

Ⅰ . ①中… Ⅱ . ①中… ②中… Ⅲ . ①企业创新—研究报告—中国—2022 Ⅳ . ① F273.1

中国国家版本馆 CIP 数据核字（2023）第 204417 号

中国企业创新能力评价报告2022

策划编辑：李 蕊 郝迎聪　责任编辑：张 丹 邱晓春　责任校对：张 微　责任出版：张志平

出 版 者	科学技术文献出版社
地　　　址	北京市复兴路15号　邮编　100038
编 务 部	（010）58882938，58882087（传真）
发 行 部	（010）58882868，58882870（传真）
邮 购 部	（010）58882873
官方网址	www.stdp.com.cn
发 行 者	科学技术文献出版社发行　全国各地新华书店经销
印 刷 者	北京时尚印佳彩色印刷有限公司
版　　　次	2023年2月第1版　2023年2月第1次印刷
开　　　本	889×1194　1/16
字　　　数	121千
印　　　张	7.75
书　　　号	ISBN 978-7-5235-0001-9
定　　　价	86.00元

版权所有　违法必究

购买本社图书，凡字迹不清、缺页、倒页、脱页者，本社发行部负责调换

《中国企业创新能力评价报告 2022》
编辑委员会

主　　　任：刘冬梅　张　旭

副　主　任：郭　戎

执　笔　人：（按姓氏笔画排序）

　　　　　　马艺方　尹志锋　玄兆辉　刘辉锋

　　　　　　孙云杰　杨康康　肖新宇　陈　钰

　　　　　　郑君僡　胡　月　袁立科　韩佳伟

　　　　　　谭天骄

前　言

创新是引领发展的第一动力，是建设现代化经济体系的战略支撑。我国经济已由高速增长阶段转向高质量发展阶段，深入实施创新驱动发展战略，以科技创新为核心带动全面创新，实现经济社会发展动力的根本转换，才能为建设世界科技强国提供强大战略支撑。党的二十大报告强调，加快实施创新驱动发展战略，要强化企业科技创新主体地位，加强企业主导的产学研深度融合，发挥科技型骨干企业引领支撑作用，营造有利于科技型中小微企业成长的良好环境，推动创新链产业链资金链人才链深度融合。

为了展示和测度我国企业的创新发展现状，反映企业创新在转变经济发展方式、实施创新驱动发展战略中的作用，为科技管理和决策提供参考，有必要全面监测和评价企业的创新活动和创新能力，并对中国企业创新能力在国际上所处位置做出清晰判断。

《中国企业创新能力评价报告》是国家创新调查制度系列报告之一，于2016年首次发布。《中国企业创新能力评价报告2022》为该报告第6期。报告从4个维度对我国企业的创新能力进行评价。一是现状篇。基于2021年全国企业创新调查结果，分析了我国企业创新活动的现状和基本特征。二是历史篇。从创新投入能力、协同创新能力、知识产权能力和创新驱动能力4个维度构建企业创新能力评价指标体系，动态评价了我国企业创新能力。三是国际篇。基于国际可比数据，从创新活跃程度、创新活动投入、知识产权和创新绩效及创新型领军企业4个维度比较了中国与部分发达国家及发展中国家的企业创新能力。四是区域篇。通过遴选评价企业创新能力的指标，对我国 31 个省（自治区、直辖市）的企业创新能力进行分析，为各地区发现企业创新能力的优势和不足提供支撑。

报告采用的中国企业数据资料主要来自历年《全国企业创新调查年鉴》《中国科技统计年鉴》《工业企业科技活动统计年鉴》《企业研发活动情况统计年鉴》《中国统计年鉴》，国际比较数据主要来自经济合作与发展组织（OECD）、世界知识产权组织（WIPO）和欧洲统计局的统计数据库。

本报告的研究编写得到社会各界专家学者的支持与帮助，在此表示衷心感谢！郭家宝、曹爱家、李恒斌、陈腾飞、徐青、罗煦燃、王伊婷、刘明月等人参与了部分章节的数据分析工作，一并表示感谢。

《中国企业创新能力评价报告 2022》
编辑委员会

现状篇

第一章 企业创新特征分析——基于2021年全国企业创新调查数据 　*1*

一、规模以上企业创新活动总体情况 　*2*

二、规模以上企业创新特征 　*4*
（一）产品创新和工艺创新 　*4*
（二）产品或工艺创新的活动类型与创新经费 　*6*
（三）产品或工艺创新的信息来源 　*7*
（四）产品或工艺创新的合作伙伴 　*8*
（五）产品或工艺创新的阻碍因素 　*10*
（六）知识产权保护 　*11*
（七）组织创新和营销创新 　*11*

三、规模以上高技术产业企业创新特征 　*12*

四、规模以上企业的企业家对创新活动和创新政策的认识 　*17*

五、规模以下企业创新特征 　*20*
（一）企业创新活动基本情况 　*20*
（二）规模以下企业技术创新情况 　*21*
（三）规模以下企业创新政策实施情况 　*23*

历史篇

第二章　企业创新能力评价指标体系构成　　25

一、总体说明　　26
（一）企业创新能力界定　　26
（二）构建企业创新能力评价指标体系的基本原则　　26
（三）企业创新能力评价指标体系构成　　27

二、指标体系框架　　28
（一）创新投入能力　　28
（二）协同创新能力　　28
（三）知识产权能力　　29
（四）创新驱动能力　　29

三、具体指标说明　　30
（一）创新经费　　30
（二）创新人力　　30
（三）研发机构　　30
（四）创新合作　　31
（五）创新资源整合　　31
（六）创新政策利用　　32
（七）知识产权创造　　32
（八）知识产权保护　　33
（九）知识产权运用　　33
（十）创新价值实现　　33
（十一）市场影响力　　34
（十二）经济社会发展　　34

第三章　企业创新能力动态评价　　35

一、企业创新能力总体评价　　36

二、企业创新能力分项指标评价　　38
（一）创新投入能力　　38
（二）协同创新能力　　41
（三）知识产权能力　　44
（四）创新驱动能力　　47

国际篇

第四章　企业创新能力国际比较　　51

一、创新活跃程度　　52
（一）总体创新活跃程度　　52
（二）产品创新活跃程度　　53

二、创新活动投入　　53
（一）企业R&D经费投入位居国际前列　　53
（二）中国企业R&D活动的人力投入水平国际领先　　54

三、知识产权和创新绩效　　54
（一）中国有效专利的规模优势明显，与美国大致相当　　54
（二）中国三方专利申请量与日本、美国相比差距较大　　54
（三）中国劳动生产率相对较低，低于金砖国家平均水平　　54

四、创新型领军企业　　55

区域篇

第五章　区域企业创新能力比较　　　　　　　　　　　　　63
　　一、企业创新能力评价指标构建　　　　　　　　　　　64
　　二、各地区企业创新能力分析　　　　　　　　　　　　65

现状篇 第一章

企业创新特征分析
——基于 2021 年全国企业创新调查数据

为全面了解我国企业创新进展状况，更好地服务创新驱动发展战略，国家统计局2021年在全国范围内开展了第6次企业创新调查，调查报告期为2020年。从调查结果看，我国规模以上企业的创新活跃度较高，超过40%的企业有创新活动。规模以上高技术产业企业的创新能力突出，对制造业具有引领作用。规模以上企业在创新过程中更多地采取独立开发的方式。创新人才构成规模以上企业创新能力的核心智力支撑。规模以上企业的企业家高度认同创新对企业发展的积极作用。规模以下企业的创新活动则较为缺乏。

一、规模以上企业创新活动总体情况

2021年，参与调查的规模以上企业达87.6万家，较2020年增长8.8%。从企业的产业分布看，2021年工业企业占比为45.6%，较2020年下降1.3个百分点；服务业企业占比已超过工业企业占比，为47.7%；建筑业企业占比为6.7%。从企业的地区分布看，东部地区企业占比最高，达到60.5%；中部地区企业为20.4%；西部地区企业为15.2%；东北地区企业为3.9%（图1-1）[①]。

---

① 东部地区包括北京、天津、河北、上海、江苏、浙江、福建、山东、广东和海南10个省（直辖市）；中部地区包括山西、安徽、江西、河南、湖北和湖南6个省；西部地区包括内蒙古、广西、重庆、四川、贵州、云南、西藏、陕西、甘肃、青海、宁夏和新疆12个省（自治区、直辖市）；东北地区包括辽宁、吉林和黑龙江3个省。

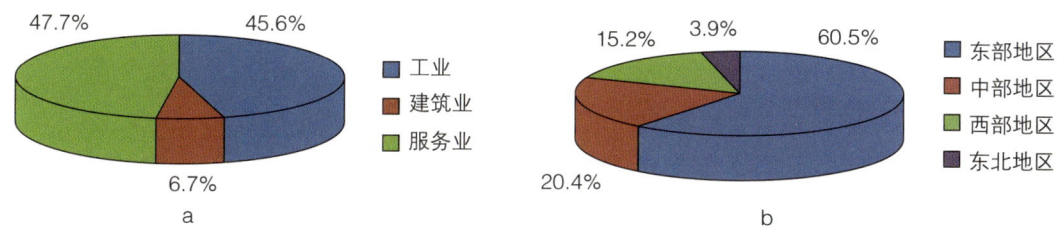

图1-1 规模以上企业数量按产业和地区分布（2021年）

2020年，开展创新活动的企业为37.9万家，占全部规模以上企业（指参与调查的规模以上企业，下同）的43.3%。其中，实现创新的企业为36.0万家，占全部规模以上企业的41.1%；同时实现产品创新、工艺创新、组织创新和营销创新4种创新的企业达到7.4万家，占全部规模以上企业的8.5%。

从实现创新的企业占比来看，不同产业企业的创新活跃程度存在明显差异。2020年，工业企业的创新活跃程度最高，实现创新的企业占比达56.0%；其次为建筑业，实现创新的企业占比为28.6%；服务业中有28.5%的企业实现了创新。从地区分布看，实现创新的企业占比按东部地区、中部地区、西部地区、东北地区依次递减。东部地区有43.1%的企业实现了创新；中部地区和西部地区实现创新的企业占比分别为41.0%和36.2%；东北地区有29.8%的企业实现了创新（图1-2）。

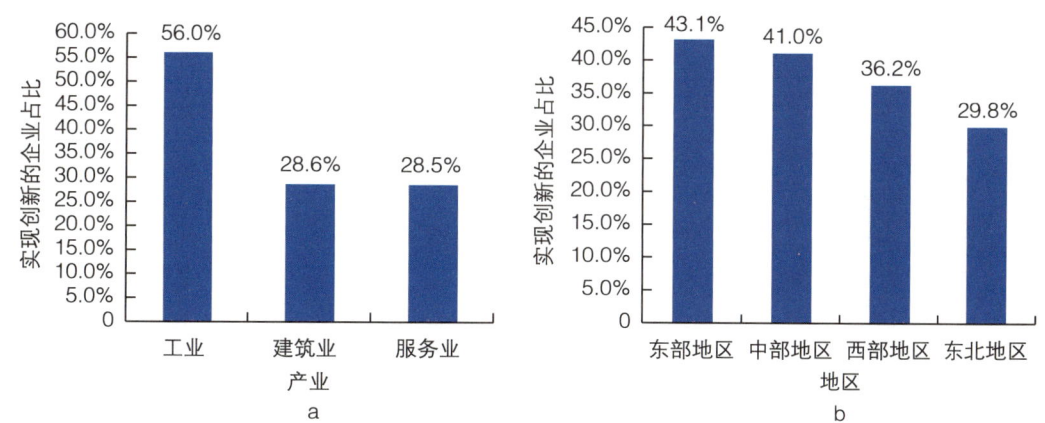

图1-2 规模以上企业中实现创新的企业占比按产业和地区分布（2020年）

二、规模以上企业创新特征

(一)产品创新和工艺创新

1. 超1/4的企业实现了产品或工艺创新

实现产品或工艺创新的企业为24.7万家,占全部规模以上企业的28.3%;实现产品创新和实现工艺创新的企业分别为18.1万家和20.5万家,占全部规模以上企业的20.7%和23.4%;同时实现产品和工艺创新的企业占全部规模以上企业的15.9%(图1-3)。

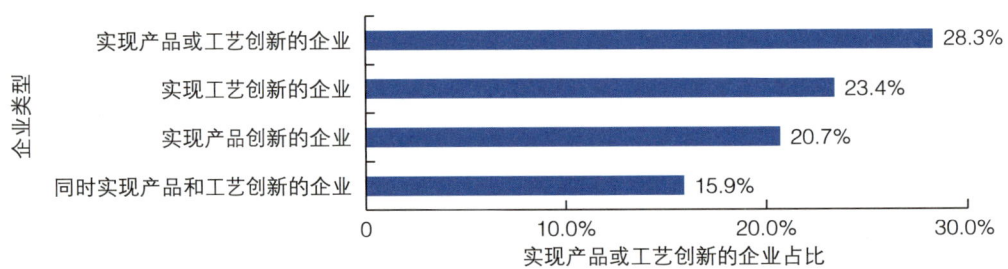

图1-3 规模以上企业中实现产品或工艺创新的企业占比(2020年)

分产业看,工业企业中有47.0%的企业实现了产品或工艺创新;建筑业和服务业中实现产品或工艺创新的企业占比明显低于工业,分别为14.1%和12.4%。分地区看,东部地区实现产品或工艺创新的企业占比最高,为31.0%;其后为中部地区和西部地区,占比分别为27.4%和21.2%;东北地区实现产品或工艺创新的企业占比最低,为16.8%(图1-4)。

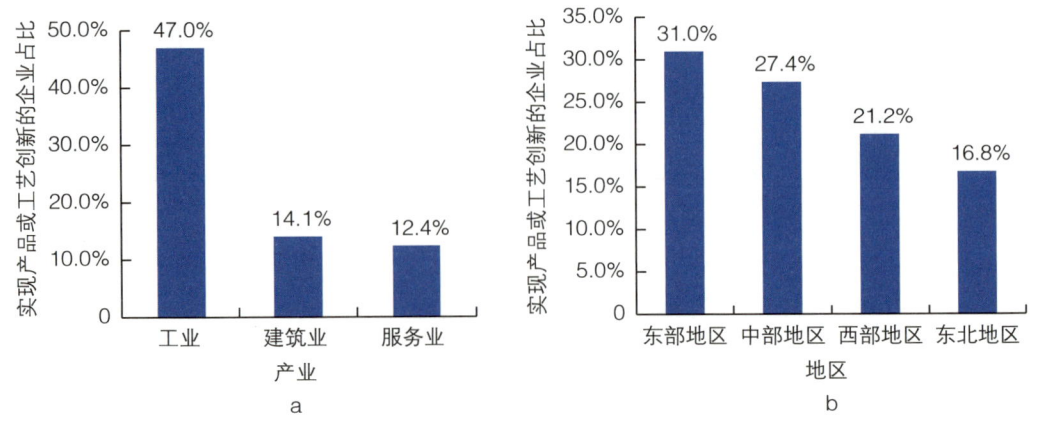

图1-4 规模以上企业中实现产品或工艺创新的企业占比按产业和地区分布(2020年)

2. 独立开发是产品创新和工艺创新的主导模式

在实现产品创新的规模以上企业中，87.8%的企业选择独立开发的创新方式；分别有8.5%和7.9%的企业通过与境内高等学校合作开发、与境内其他企业合作开发来实现产品创新；有6.2%的企业选择与集团内企业合作开发的创新方式（图1-5）。与上年相比，基于独立开发模式实现产品创新的企业占比上升了1.7个百分点，而选择其他创新方式的企业占比均略有下降。

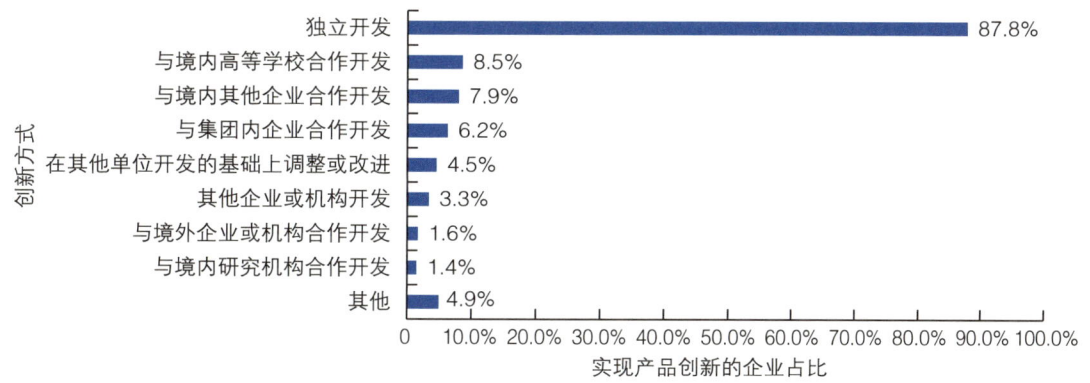

图1-5 规模以上企业中实现产品创新的企业的创新方式（2020年）

在实现工艺创新的规模以上企业中，80.2%的企业选择独立开发的创新方式；分别有9.2%和7.9%的企业通过与境内其他企业合作开发、与境内高等学校合作开发的创新方式来实现工艺创新（图1-6）。选择独立开发创新方式的企业占比较上年提高了2.7个百分点，选择其他创新方式的企业占比均略有下降。

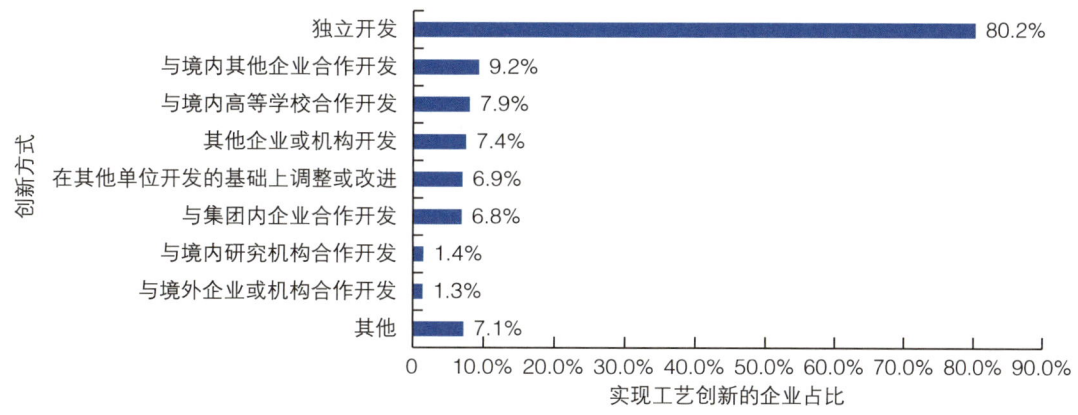

图1-6 规模以上企业中实现工艺创新的企业的创新方式（2020年）

3. 近六成企业拥有市场新产品

在实现产品创新的规模以上企业中,有市场新产品的企业占比为59.4%,较上年下降了3.6个百分点;其新产品销售收入达39.0万亿元,占营业收入的16.9%。从产业分布来看,新产品销售收入占营业收入的比重存在一定差异,建筑业中该比重为27.2%,高于工业(22.0%)和服务业(9.1%)。

(二)产品或工艺创新的活动类型与创新经费

1. 内部研发是企业最主要的创新活动类型

内部研发及购买机器设备和软件是我国企业开展产品或工艺创新活动中主要的类型,相关培训、市场推介及相关设计则是企业进行创新活动的重要补充形式。在开展产品或工艺创新活动的企业中,62.6%的企业选择进行内部研发;购买机器设备和软件的企业占比为52.7%;36.1%的企业提供了相关培训;进行市场推介、相关设计的企业占比均为17.1%;进行外部研发、从外部获取相关技术的企业占比分别为8.7%和1.2%(图1-7)。

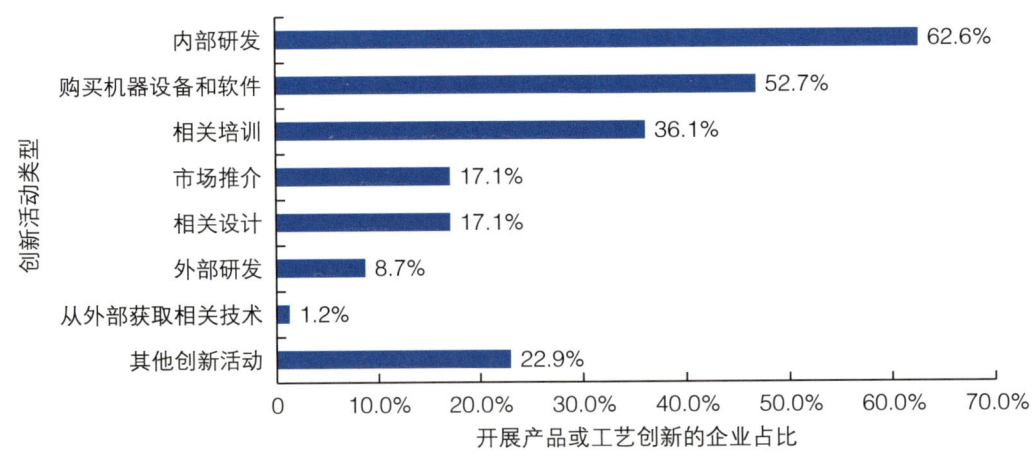

图1-7 规模以上企业开展产品或工艺创新的创新活动类型(2020年)

2. 规模以上企业内部经费研发支出占创新费用的比重接近60%

企业的创新费用结构与创新活动类型高度相关,超过一半的创新费用被用于内部研发活动。2020年,规模以上企业创新费用支出为3.2万亿元。其中,内部研发经费支出占创新费用支出的比重达为57.9%，构成最主要的创新费用支出项目；获得机器设备和软件经费支出占创新费用支出的比重为34.2%；外部研发经费支出及从外部获取相关技术经费支出占创新费用支出的比重分别为4.8%和3.1%（图1-8）。

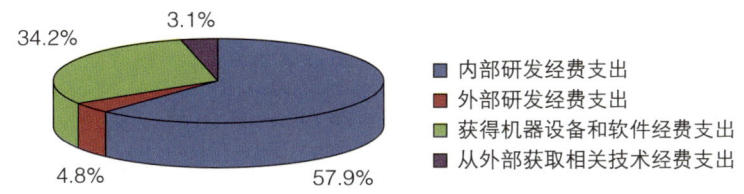

图1-8　规模以上企业创新费用构成（2020年）

（三）产品或工艺创新的信息来源

来自客户的信息和企业内部信息是企业最重要的两个创新信息来源。在开展产品或工艺创新的27.8万家企业中，46.4%的企业认为来自客户的信息对创新影响较大；43.3%的企业认为企业内部信息对创新至关重要；23.1%的企业高度重视来自竞争对手或同行业企业的信息；超过18%的企业认为来自供应商、行业协会的信息对其创新有重要影响；超过15%的企业认为来自政府部门的信息对其创新活动具有较大影响；相对而言，大部分企业认为来自高等学校、市场咨询机构及文献、期刊的信息对创新的影响相对较小（图1-9）。

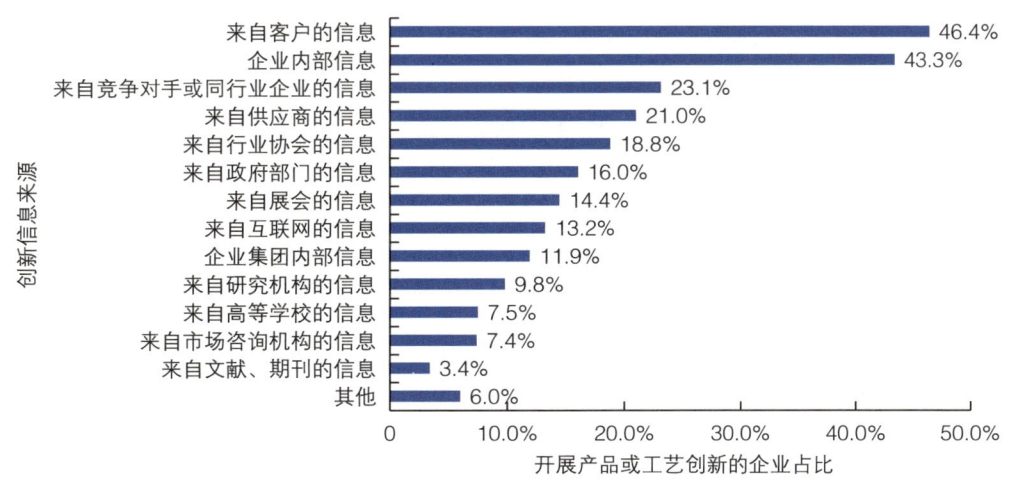

图1-9　创新信息来源对开展产品或工艺创新的企业创新的影响（2020年）

（四）产品或工艺创新的合作伙伴

1. 上下游机构是企业创新合作伙伴的主体

在开展产品或工艺创新的规模以上企业中，共有18.8万家企业选择进行创新合作，占全部企业的比重为21.4%。在这18.8万家创新合作企业中，与客户结成合作关系的企业达44.3%，与供应商结成合作关系的企业占38.7%，二者构成企业最主要的两个合作对象；分别有28.5%和28.0%的企业与集团内其他企业、高等学校结成合作关系；与行业协会、研究机构、竞争对手或同行业企业结成合作关系的企业占比分别为19.2%、15.6%和15.4%；与市场咨询机构和政府部门开展创新合作的企业占比分别为13.2%和10.1%；与风险投资机构进行创新合作的企业占比最低，仅为0.7%（图1-10）。与上年相比，企业与客户、供应商、高等学校、行业协会、研究机构、竞争对手或同行业企业、政府部门的创新合作占比略有下降，与集团内其他企业、市场咨询机构和其他合作对象的合作占比均有所上升，与风险投资机构的合作占比保持不变。

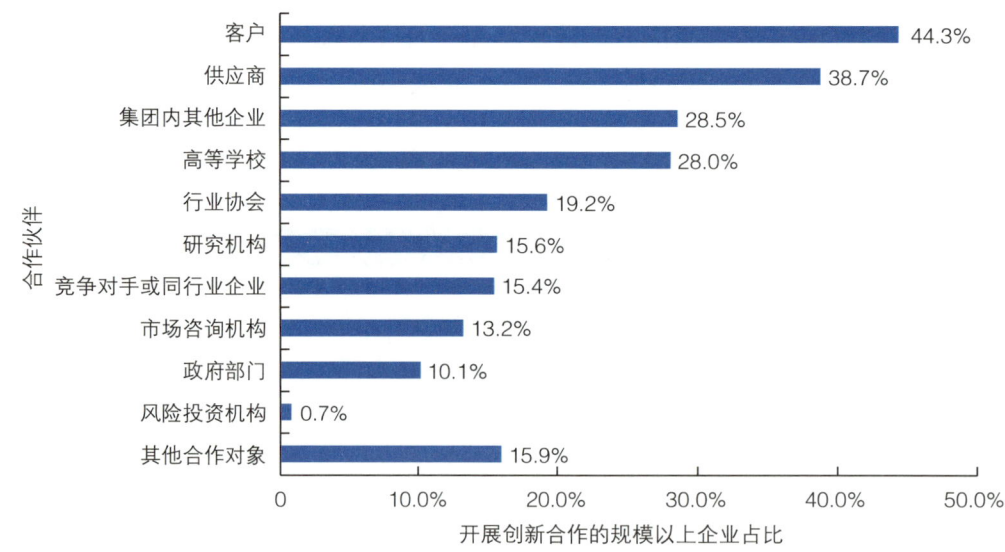

图1-10　开展创新合作的规模以上企业的合作伙伴（2020年）

2. 客户与供应商对企业创新具有核心价值

在创新合作企业中，41.2%的企业认为客户在其创新过程中具有较大的价值；33.4%的企业认为与供应商的合作对其创新具有正向影响；分别有24.0%和23.3%的企业认为与集团内其他企业、高等学校合作有利于自身的创新发展；15.2%的企业认为与行业协会合作对其创新影响较大；分别有近13%的企业认为与竞争对手或同行业企业、研究机构合作对其创新发展影响较大（图1-11）。

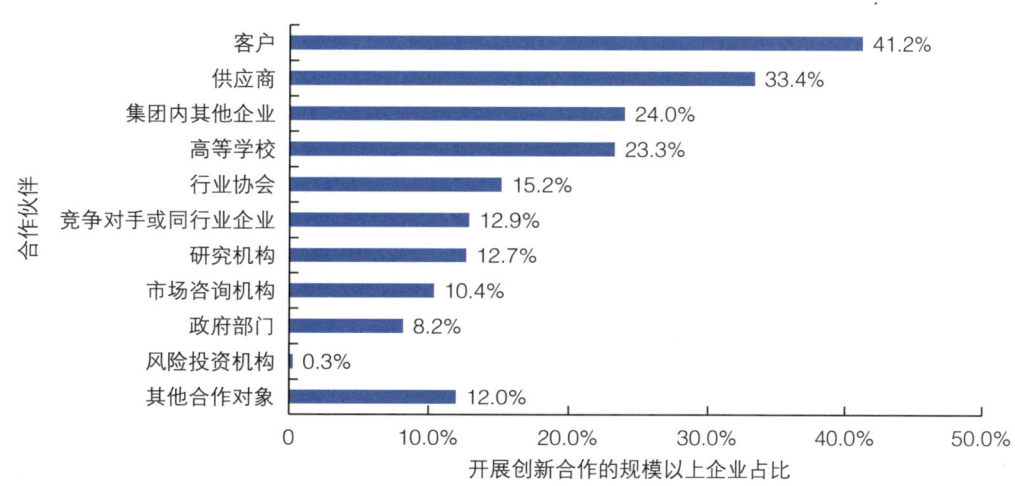

图1-11　合作伙伴对开展创新合作的规模以上企业的相对重要性（2020年）

3. 逾1/3的创新合作企业开展产学研合作，共同完成科研项目为主要合作形式

我国企业拥有较为多元的产学研合作模式。2020年，开展产学研合作的规模以上企业为6.4万家，占创新合作企业总数的34.0%。在开展产学研合作的企业中，68.2%的企业选择与合作对象共同完成科研项目的合作形式，这一形式在所有产学研合作形式中继续保持主导地位；分别有30.0%、25.1%和9.7%的企业选择聘用高校或研究机构人员到企业兼职、在企业建立研发机构及在高校或研究机构中设立研发机构的合作形式（图1-12）。

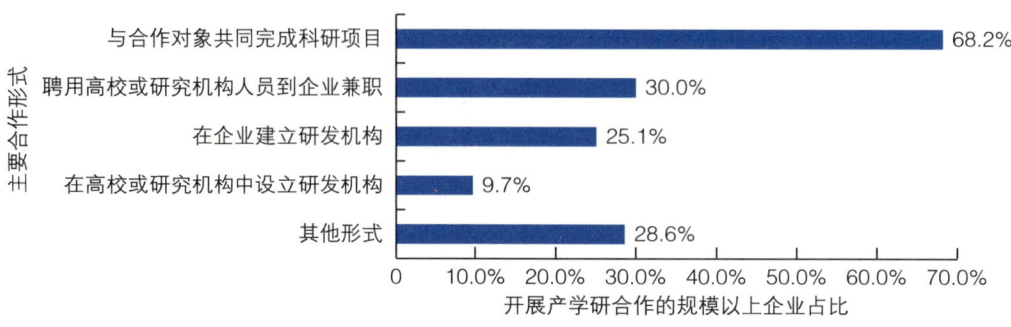

图1-12　开展产学研合作的规模以上企业的主要合作形式（2020年）

（五）产品或工艺创新的阻碍因素

2020年，规模以上企业中有28.8%的企业认为缺乏人才或人才流失是阻碍产品或工艺创新的主要因素，较上年降低0.7个百分点；分别有20.5%和17.2%的企业认为创新成本过高、缺乏技术信息对产品或工艺创新的阻碍影响较为明显；分别有17.1%和12.4%的企业将没有创新的必要、不能确定市场需求归为主要的产品或工艺创新的阻碍因素；分别有10.5%、10.2%和9.9%的企业将阻碍因素归为缺乏内部资金、缺乏市场信息和缺乏银行贷款；认为创新成果易被低成本模仿、市场已被占领是产品或工艺创新主要阻碍因素的企业占比较少，分别为5.5%和3.0%（图1-13）。

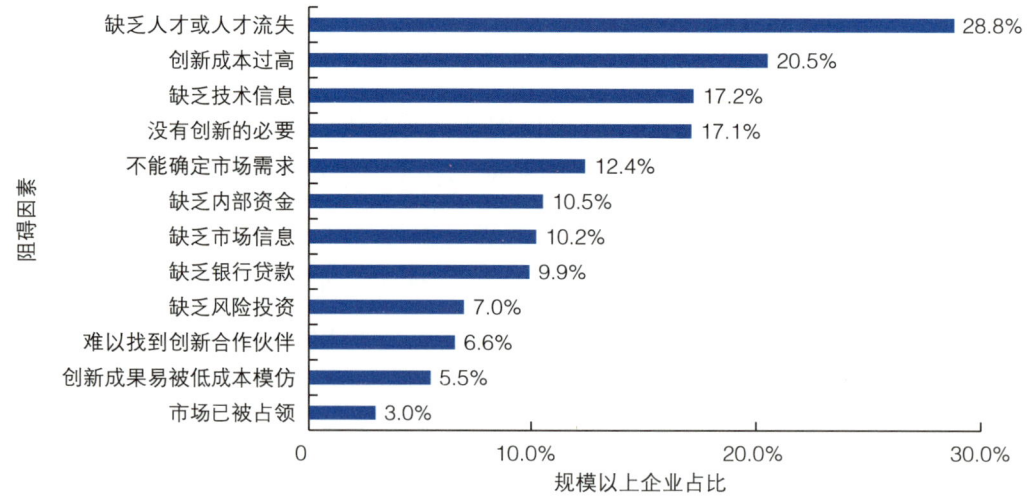

图1-13　规模以上企业产品或工艺创新的阻碍因素（2020年）

（六）知识产权保护

2020年，半数以上规模以上企业采取了知识产权保护或相关措施，其中发挥时间上的先发优势是最主要的保护方式。采取知识产权保护或相关措施的企业为46.2万家，占全部规模以上企业的52.8%，较上年下降了2.6个百分点。发挥时间上的先发优势、对技术秘密进行内部保护是企业采取的主要的知识产权保护方式。全部规模以上企业中，有20.7%的企业通过发挥时间上的先发优势从技术成果中获益；有12.3%的企业对技术秘密进行内部保护；分别有10.5%和10.4%的企业申请了实用新型或外观设计专利、申请了注册商标；有7.7%的企业申请了发明专利；超过5%的企业形成了国家或行业技术标准；进行版权登记、应用难以复制的复杂技术的企业占比较低，分别为3.1%和2.6%（图1-14）。

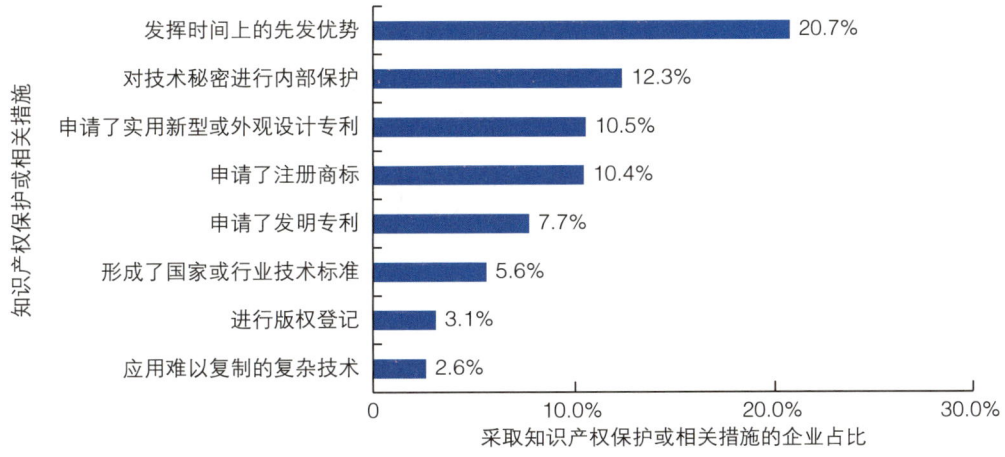

图1-14 规模以上企业采取的知识产权保护或相关措施（2020年）

（七）组织创新和营销创新

2020年，28.3万家企业实现了组织或营销创新，占全部规模以上企业的32.3%。实现组织创新的企业占比为25.6%；实现营销创新的企业占比为23.8%；同时实现组织和营销创新的企业占比为17.1%（图1-15）。

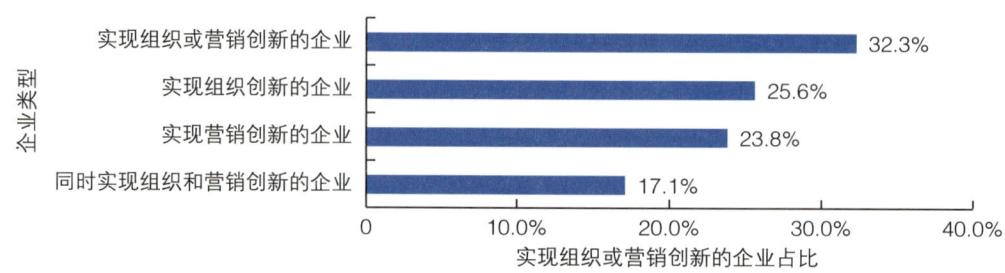

图1-15 规模以上企业中实现组织或营销创新的企业占比（2020年）

分产业看，工业中实现组织或营销创新的企业占比最高，达40.3%；其次为服务业（25.7%）；建筑业占比最低，为24.9%。分地区看，中部地区实现组织或营销创新的企业占比最高，达33.3%；其后为东部地区、西部地区，占比分别为32.7%和31.1%；东北地区实现组织或营销创新的企业占比最低，为24.9%（图1-16）。

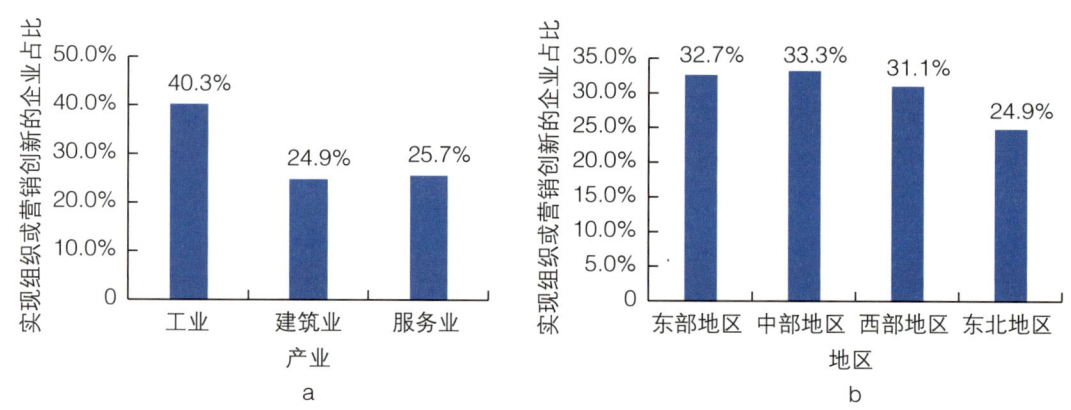

图1-16 规模以上企业中实现组织或营销创新的企业占比按产业和地区分布（2020年）

三、规模以上高技术产业企业创新特征

2021年，企业创新调查中的规模以上高技术产业企业为4.0万家，占全部规模以上调查企业的4.6%。高技术产业企业的地区分布与规模以上企业整体的地区分布基本相同，东部地区企业占比最高，达66.3%；其后为中部地区（19.6%）和西部地区（11.6%）；东北地区企业占比最低，仅为2.5%。

1. 高技术产业企业实现创新的比例明显高于规模以上企业整体水平

从整体来看，开展创新活动的高技术产业企业为3.3万家，占全部高技术产业企业的81.6%[①]。其中，实现创新的企业为3.1万家，占全部高技术产业企业的77.8%；同时实现4种创新的企业近1.0万家，占全部高技术产业企业的24.5%。高技术产业企业中开展创新活动的企业占比及实现创新的企业占比均明显高于规模以上企业整体水平（43.3%和41.1%），反映出高技术产业企业的创新能力突出，是制造业企业中最具创新活力的力量。

从产品和工艺创新看，实现产品和工艺创新的高技术产业企业分别有2.3万家和2.4万家，占高技术产业企业的比重分别为57.9%和59.2%，明显高于规模以上企业整体水平（20.7%和23.4%）；实现产品或工艺创新的高技术产业企业占全部高技术产业企业的比重为71.3%，亦明显高于规模以上企业整体水平（28.2%）；同时实现产品和工艺创新的高技术产业企业占全部高技术产业企业的比重为45.7%（图1-17）。

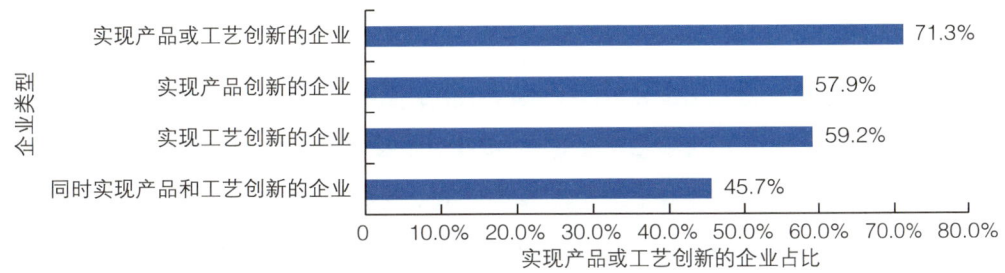

图1-17 高技术产业企业中实现产品或工艺创新的企业占比（2020年）

从组织和营销创新看，实现组织和营销创新的高技术产业企业分别为1.9万家和1.8万家，占高技术产业企业的比重分别为46.8%和45.7%，均明显高于规模以上企业整体水平（25.6%和23.8%）；实现组织或营销创新的高技术产业企业占全部高技术产业企业的比重为58.0%，亦明显高于规模以上企业整体水平（32.3%）；同时实现组织和营销创新的高技术产业企业占全部高技术产业企业的

---

① 本部分占比以企业的准确数据计算，下同。

比重为 34.5%（图 1-18）。

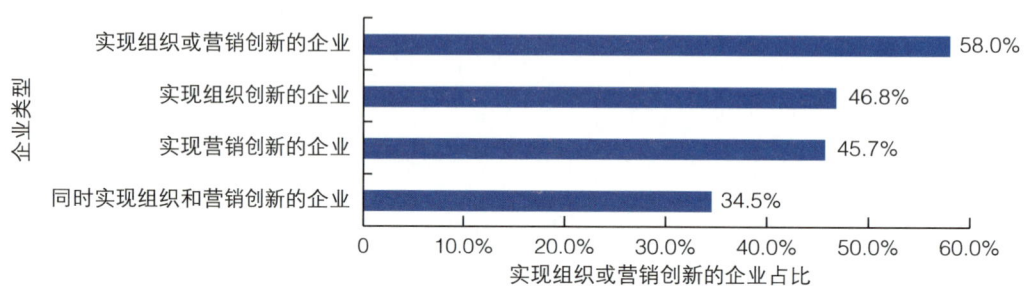

图1-18 高技术产业企业中实现组织或营销创新的企业占比（2020年）

从地区分布看，实现创新、实现产品或工艺创新、实现组织或营销创新的高技术产业企业占比均按东部地区、中部地区、西部地区、东北地区依次递减。

在实现创新的高技术产业企业中，各地区实现创新的企业占比均超过了70%，东部地区和中部地区分别有79.6%和75.1%的高技术产业企业实现了创新。与上年相比，西部地区实现了对东北地区的反超，有72.9%的高技术产业企业实现了创新，东北地区实现创新的高技术产业企业占比为72.6%（图1-19）。

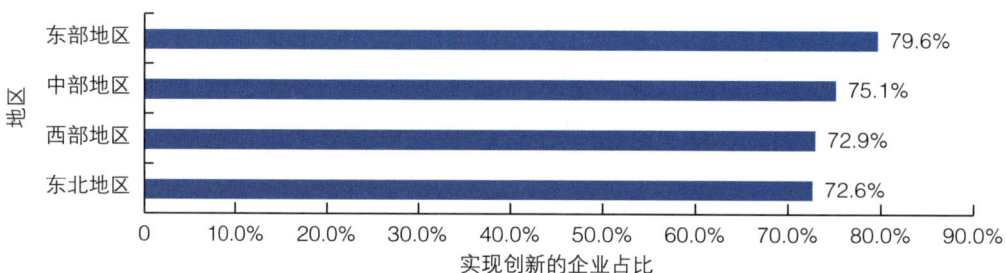

图1-19 高技术产业企业中实现创新的企业占比按地区分布（2020年）

在实现产品或工艺创新的高技术产业企业中，东部地区实现创新的企业占比最高，为74.0%；其后为中部地区（67.5%）和西部地区（64.3%）；东北地区有62.5%的高技术产业企业实现了产品或工艺创新（图1-20）。在实现组织或营销创新的高技术产业企业中，各地区企业占比较为均衡。东部地区、中部地区、西部地区和东北地区实现组织或营销创新的高技术产业企业占比分别为58.2%、57.9%、57.3%和55.4%（图1-21）。

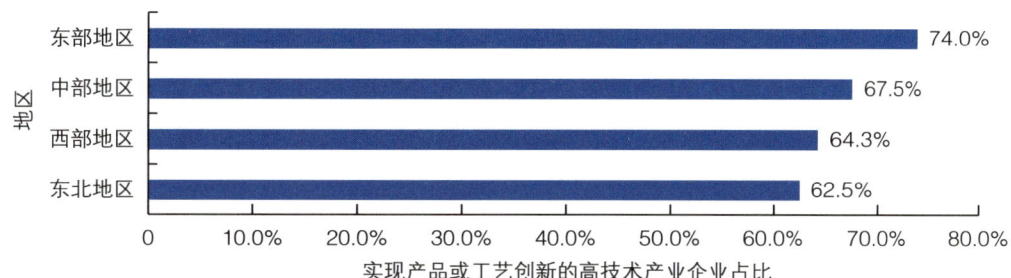

图1-20 实现产品或工艺创新的高技术产业企业按地区分布（2020年）

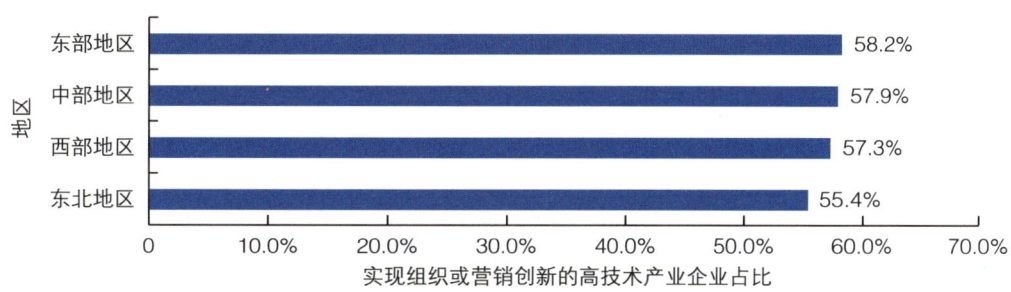

图1-21 实现组织或营销创新的高技术产业企业按地区分布（2020年）

2. 独立开发是高技术产业企业产品创新和工艺创新的主导模式

在实现产品创新的2.3万家高技术产业企业中，92.5%的企业选择独立开发的创新方式，高于规模以上企业整体水平（87.8%）；分别有9.7%和8.6%的企业采取与境内高等学校合作开发、与境内其他企业合作开发的方式来实现产品创新；同时，逾6%的企业的产品创新依赖于与集团内企业合作开发（图1-22）。

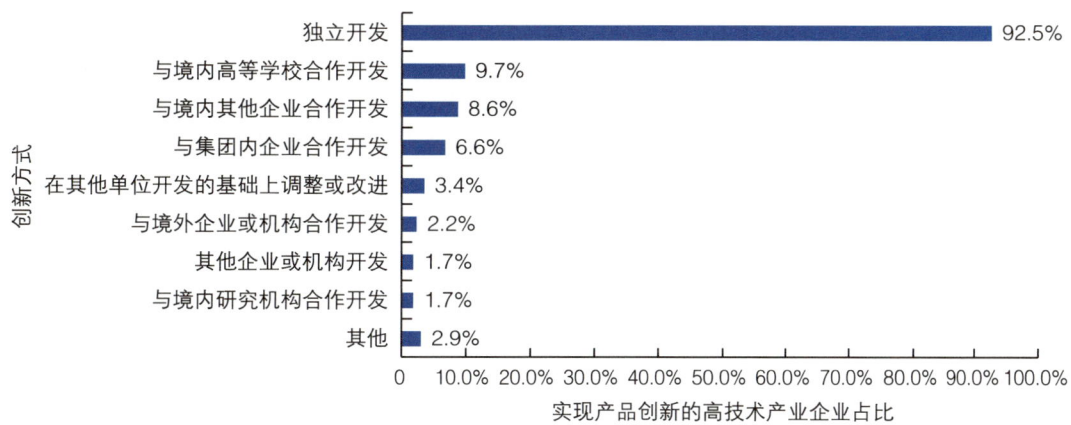

图1-22 实现产品创新的高技术产业企业的创新方式（2020年）

在实现工艺创新的高技术产业企业中，87.5%的企业选择了独立开发的创新方式，高于规模以上企业整体水平（80.2%）。与实现产品创新的高技术产业企业类似，分别有10.7%和9.5%的企业通过与境内其他企业合作开发、与境内高等学校合作开发来实现工艺创新（图1-23）。

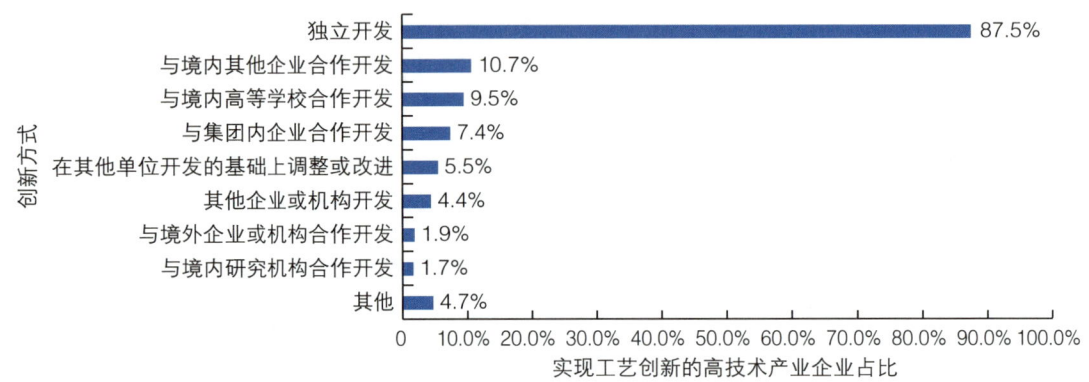

图1-23 实现工艺创新的高技术产业企业的创新方式（2020年）

3. 内部研发、购买机器设备和软件是主要的创新活动类型

高技术产业企业创新活动类型分布与规模以上企业整体分布类似，但其各类创新活动类型占比均高于规模以上企业。在开展产品或工艺创新的高技术产业企业中，76.0%的企业选择开展内部研发，明显高于规模以上企业整体水平（62.6%）；66.2%的企业购买机器设备和软件；44.3%的企业提供了相关培训；进行相关设计、市场推介的企业占比分别为26.1%和22.3%；进行外部研发、从外部获取相关技术的企业占比分别为14.8%和2.4%（图1-24）。

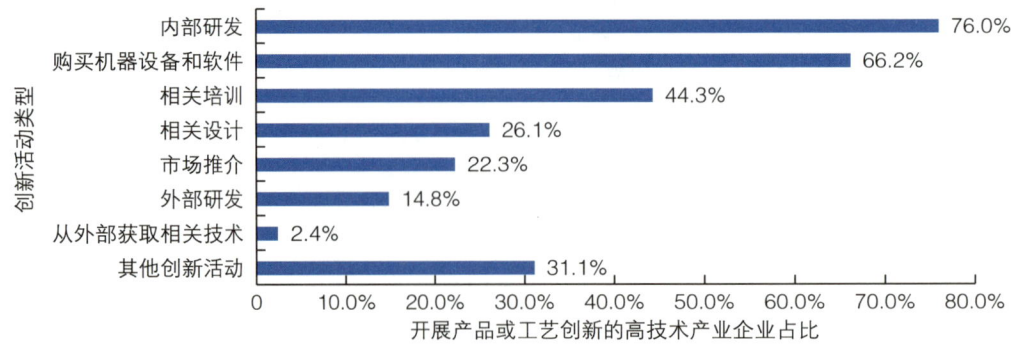

图1-24 开展产品或工艺创新的高技术产业企业的创新活动类型（2020年）

4. 企业内部研发经费支出占创新费用的比重超60%

2020年，高技术产业企业创新费用支出为7414.5亿元。其中，内部研发经费支出占创新费用支出的比重达62.7%，是最主要的创新费用支出项目；获得机器设备和软件经费支出占创新费用支出的比重为23.9%；外部研发经费支出占创新费用支出的比重为7.6%；从外部获取相关技术经费支出占创新费用支出的比重为5.8%（图1-25）。

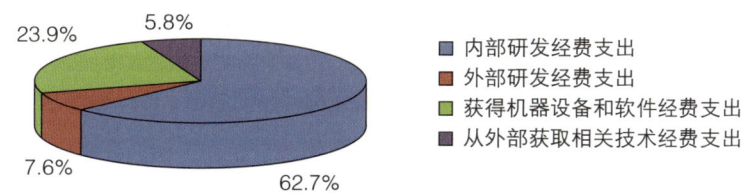

图1-25　高技术产业企业创新费用构成（2020年）

四、规模以上企业的企业家对创新活动和创新政策的认识

1. 近九成企业家认为创新对企业的生存和发展起到了作用

在判断创新是否对企业的生存和发展起作用方面，33.8%的企业家认为创新起了重要作用；54.4%的企业家认为创新起了一定作用；认为创新不起作用的企业家占比仅为11.8%（图1-26）。

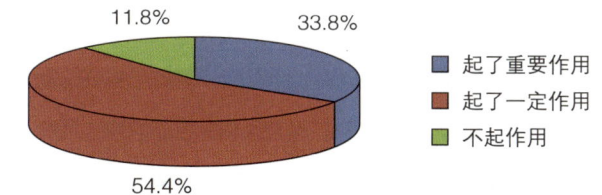

图1-26　规模以上企业的企业家对创新的总体认识（2020年）

2. 超过70%的企业家认为员工对企业的认同感和高素质的人才至关重要

在开展创新活动的企业中，77.7%的企业家认为员工对企业的认同感会深刻影响企业创新；76.7%的企业家认为高素质的人才对创新成功至关重要，体现了人力资本对企业创新的重要性；分别有75.9%和74.5%的企业家认为有创新精神的企业家和

企业内部的激励措施是影响创新成功的重要因素；认为畅通的信息渠道、有效的技术战略或计划、充足的经费支持、优惠政策的扶持及可信赖的创新合作伙伴对创新成功有重要影响的企业家占比均超过60%（图1-27）。

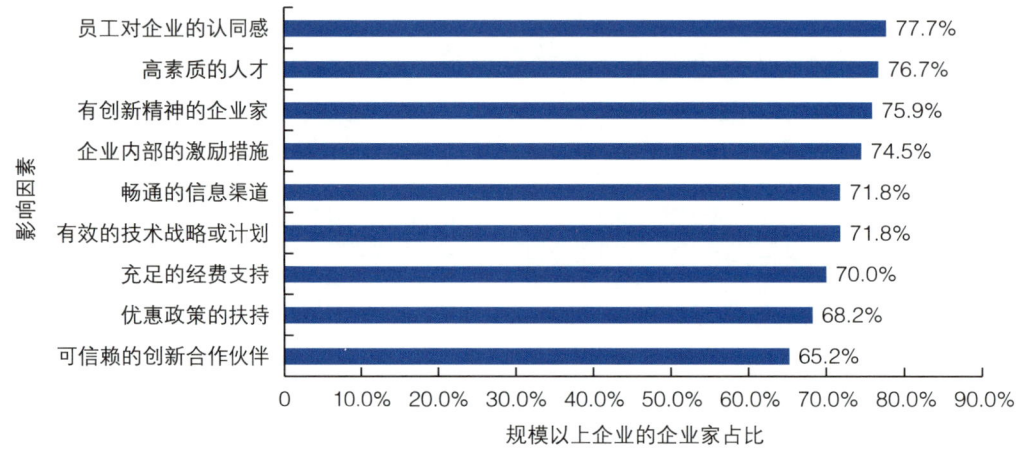

图1-27　规模以上企业的企业家对创新成功的影响因素的认识（2020年）

3. 近七成企业家认为增加工资或奖金对创新的激励效果明显

在开展创新活动的企业中，69.9%的企业家认为增加工资或奖金对创新的激励效果明显；分别有60.6%和47.3%的企业家认为岗位调整或升职机会、培训或深造机会是非常有效的创新激励措施；17.5%的企业家表示汽车、住房等物质奖励的创新激励效果明显；16.8%的企业家强调股权或期权对创新的重要激励作用（图1-28）。

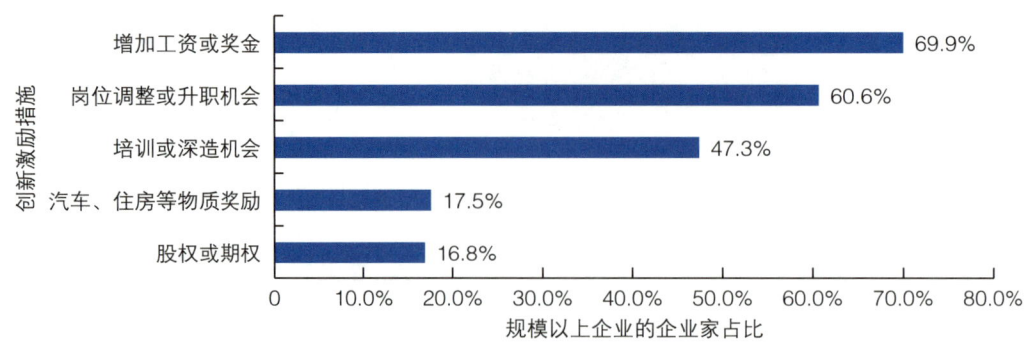

图1-28　规模以上企业的企业家对创新激励措施的认识（2020年）

4. 半数以上企业制定了增加创新投入、提升企业竞争力的创新战略目标

45.7万家企业制定了创新战略目标，占全部规模以上企业的53.4%。在制定创新战略目标的企业中，50.3%的企业制定了增加创新投入、提升企业竞争力的战略目标；20.9%的企业制定了赶超同行业国内领先企业的战略目标；18.9%的企业制定了保持现有的技术水平和生产经营状况的战略目标；制定了赶超同行业国际领先企业及保持本领域的国际领先地位战略目标的企业占比分别为5.3%和4.2%（图1-29）。

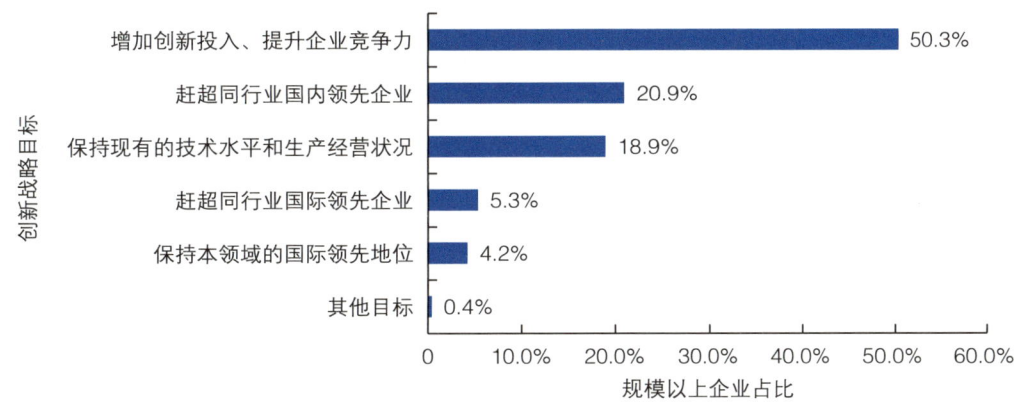

图1-29 规模以上企业制定创新战略目标情况（2020年）

5. 超过50%的企业家对研发费用加计扣除政策予以肯定

在开展创新活动的企业中，分别有52.6%和46.0%的企业家认为企业研发费用加计扣除税收优惠政策、创造和保护知识产权的相关政策效果明显；45.7%的企业家认为高新技术企业所得税减免政策具有明显效果；认为鼓励企业吸引和培养人才的相关政策、金融支持相关政策、优先发展产业的支持政策、促进科技成果转化相关政策效果明显的企业家占比分别为42.5%、41.7%、41.3%和40.8%；超过30%的企业家认为关于推进大众创业万众创新的各项政策、企业研发活动专用仪器设备加速折旧政策效果较明显；超过20%的企业家认为技术转让、技术开发收入免征增值税和技术转让减免所得税优惠政策和科技创新进口税收政策具有明显效果（图1-30）。

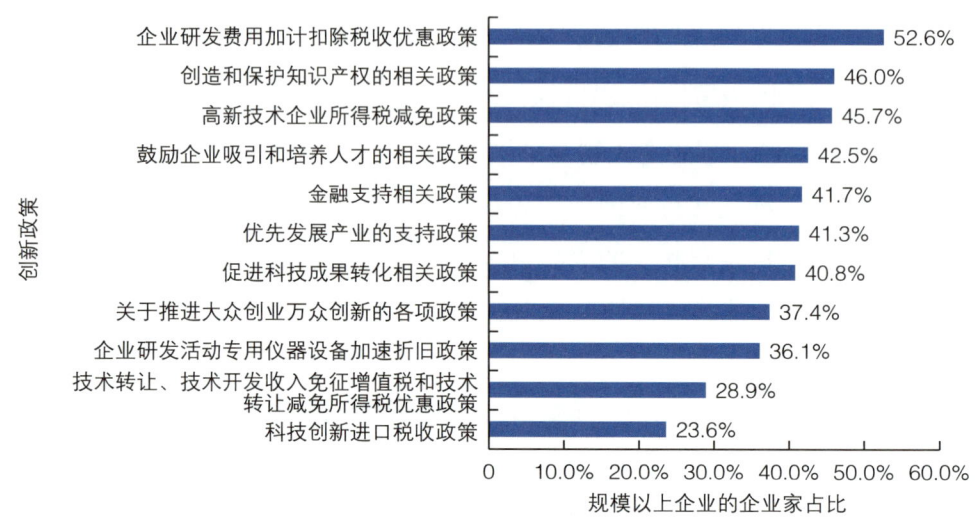

图1-30 规模以上企业的企业家对创新政策效果的认识（2020年）

五、规模以下企业创新特征

（一）企业创新活动基本情况

2020年，开展创新活动的规模以下企业为1.4万家。实现产品创新和工艺创新的规模以下企业分别为0.4万家和0.3万家，占全部规模以下企业的4.6%和3.9%，明显低于规模以上企业整体水平（20.7%和23.4%）；实现产品或工艺创新的规模以下企业占全部规模以下企业的7.2%，亦明显低于规模以上企业整体水平（28.2%）（图1-31）。

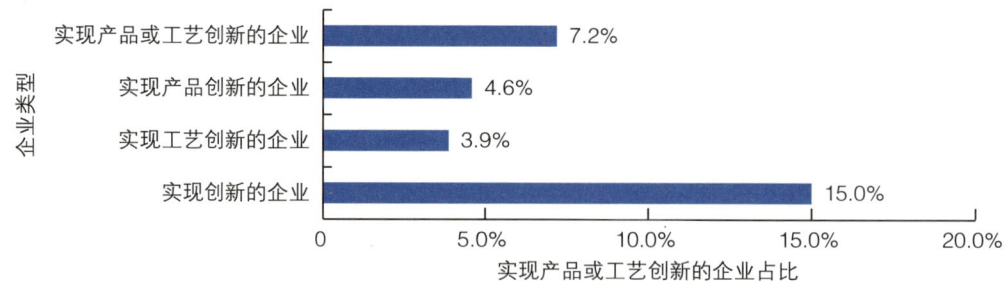

图1-31 规模以下企业中实现产品或工艺创新的企业占比（2020年）

实现组织或营销创新的企业占全部规模以下企业的9.3%；实现组织创新和营销创新的规模以下企业分别为0.5万家和0.4万家，占全部规模以下企业的5.3%和5.1%，均明显低于规模以上企业整体水平（图1-32）。

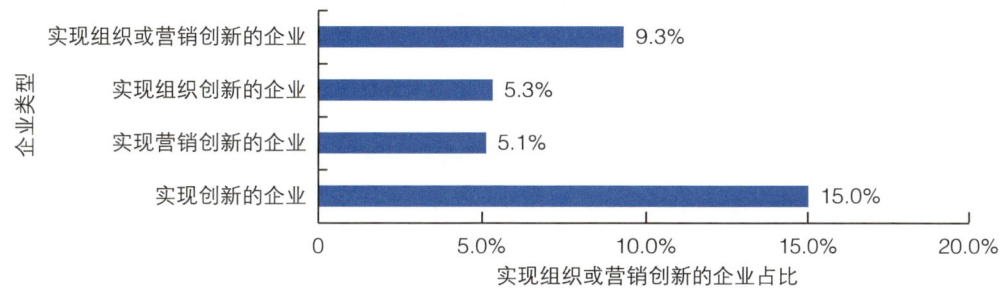

图1-32　规模以下企业中实现组织或营销创新的企业占比（2020年）

（二）规模以下企业技术创新情况

1. 自有资金和银行贷款是主要的创新资金来源

2020年，在实现技术创新的0.6万家企业中，88.7%的企业以自有资金作为创新资金来源；分别有22.8%和6.1%的企业通过银行贷款和政府资金来获取创新资金；把民间借贷、众筹、风险投资及接受委托资金作为创新资金来源的企业占比分别为6.0%、2.2%、1.4%和1.2%（图1-33）。

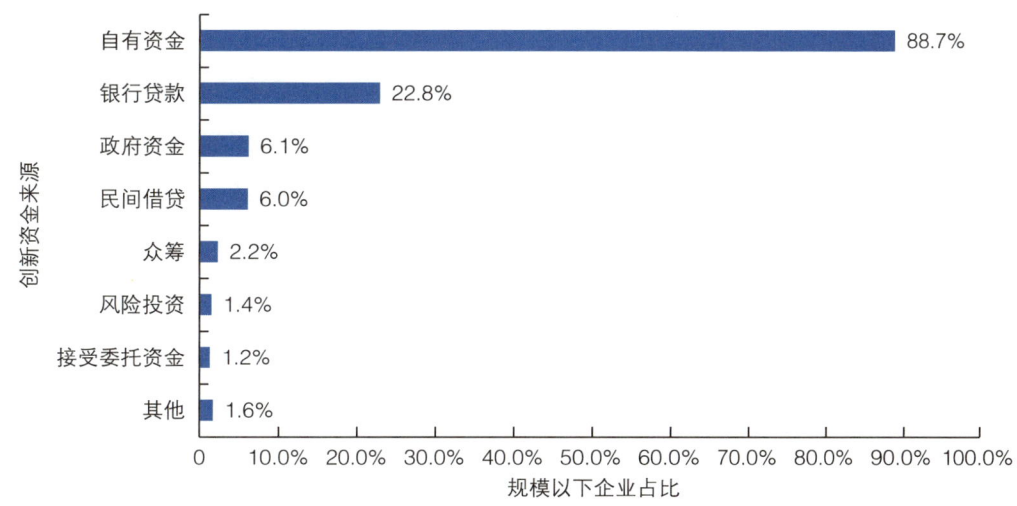

图1-33　规模以下企业技术创新资金来源（2020年）

2. 独立研发是最主要的技术来源

2020 年，实现技术创新的规模以下企业为 0.6 万家。其中，67.6% 的企业进行了独立研发，构成实现技术创新的最主要的技术来源；分别有 26.9% 和 13.1% 的企业技术来源为合作开发和购买技术；把委托开发作为主要技术来源的企业比重为 9.7%（图 1-34）。

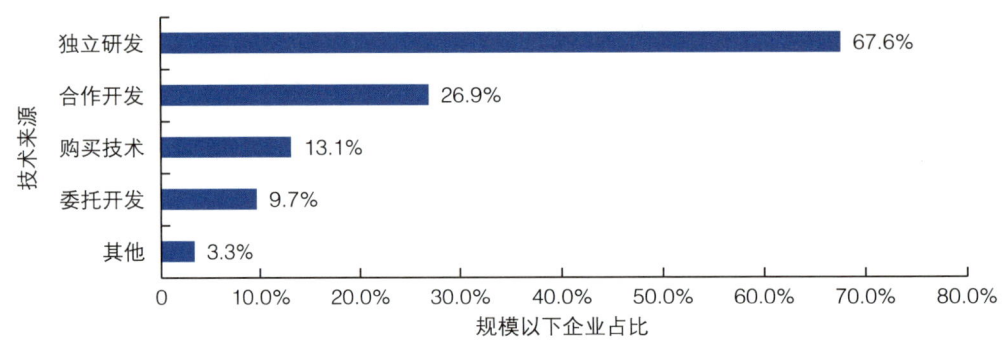

图 1-34 规模以下企业创新的技术来源（2020 年）

3. 约半数企业与客户或供应商合作

2020 年，近 0.2 万家规模以下企业开展技术创新合作。客户或供应商是这些开展创新合作的企业最主要的合作伙伴，占比为 46.0%；分别有 41.7% 和 38.4% 的企业选择进行产学研合作及与其他企业进行合作（图 1-35）。

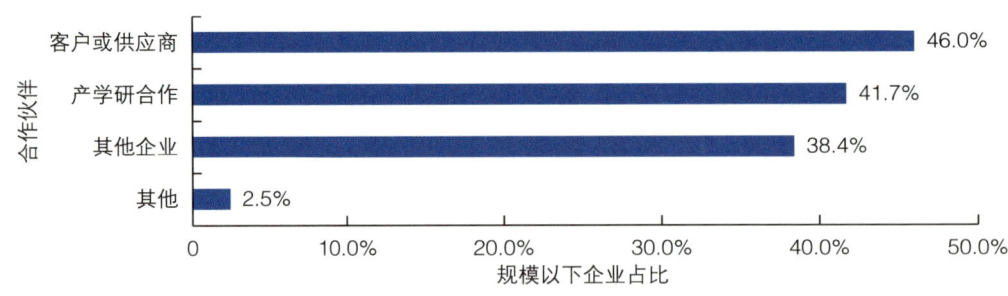

图 1-35 规模以下企业技术创新的合作伙伴（2020 年）

4. 企业面临的主要创新困难为人才短缺与资金不足

在实现技术创新的规模以下企业中，分别有 54.7% 和 53.9% 的企业将创新过程中遇到的困难归结为人才短缺和资金不足；分别有 36.9% 和 16.8% 的企业在创新中遇到了市场环境不佳和适用技术短缺的困难；将知识产权保护不力作为创新困难的企业占比为 6.7%（图 1-36）。

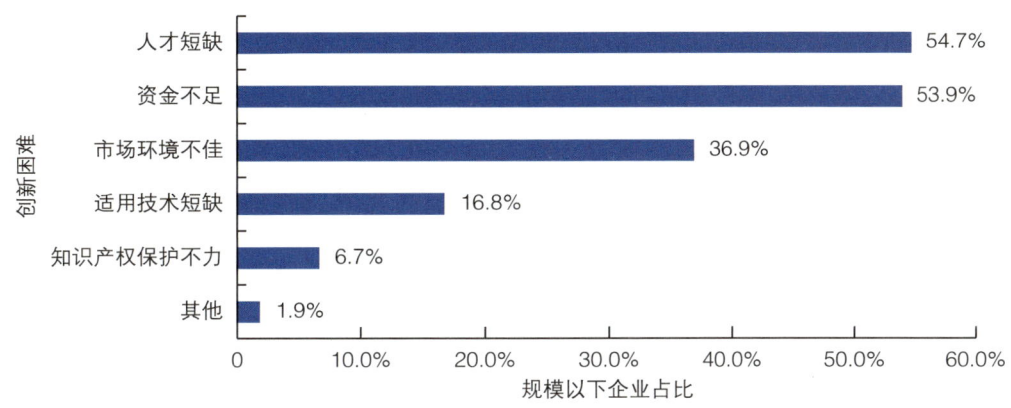

图1-36　规模以下企业技术创新中的困难（2020年）

（三）规模以下企业创新政策实施情况

1. 税收减免是规模以下企业享受的最主要的创新政策

2020 年，享受创新相关政策的规模以下企业为 0.9 万家，占开展创新活动的规模以下企业的 67.9%。税费减免成为规模以下企业享受的最主要的创新政策，享受该政策的企业占比为 78.9%；分别有 13.0% 和 11.9% 的企业享受了知识产权保护政策和平台支撑政策；分别有 11.4% 和 11.2% 的企业享受了金融服务政策和人才保障政策；享受到政府采购政策的规模以下企业占比为 5.6%（图 1-37）。

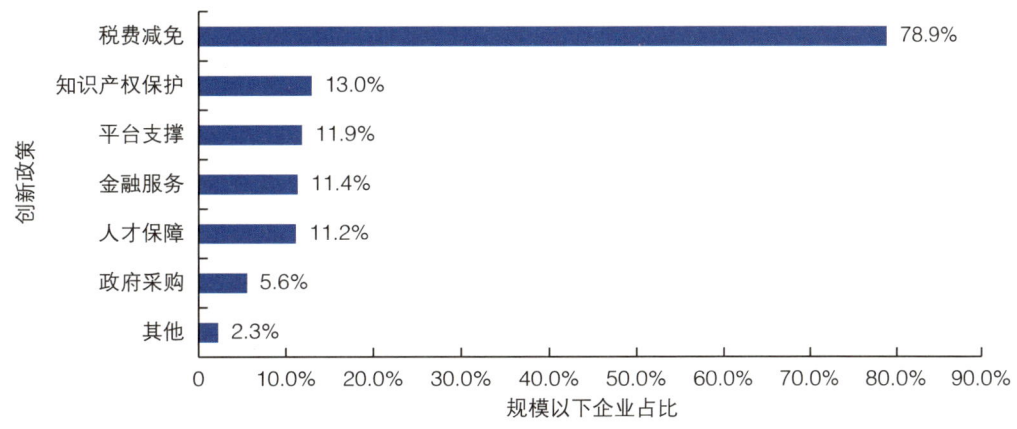

图1-37　规模以下企业享受创新政策情况（2020年）

2. 不满足享受政策的条件成为阻碍企业创新政策落实的最大因素

在开展创新活动的规模以下企业中，48.3% 的企业认为不满足享受政策的条件是影响创新政策落实的主要原因；分别有 33.1% 和 14.8% 的企业认为不知道有相关政策和政策吸引力不足会阻碍创新政策的落实；认为政策办理手续烦琐和政策执行力度不够是影响企业创新政策落实主要阻碍因素的企业占比分别为 14.5% 和 9.6%（图 1-38）。

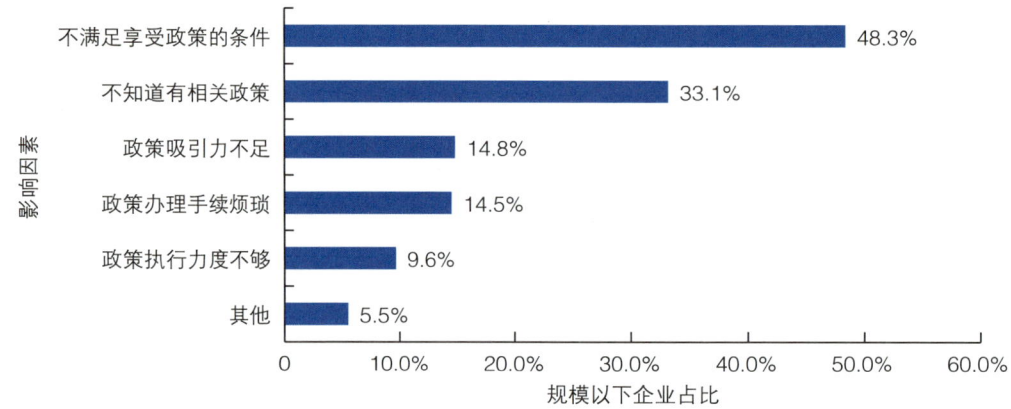

图 1-38　影响规模以下企业创新政策落实的主要因素（2020年）

历史篇 第二章

企业创新能力评价指标体系构成

一、总体说明

（一）企业创新能力界定

企业创新能力一方面体现在创新的多维度性，包括产品创新、工艺创新、组织创新及营销创新；另一方面体现在创新的全流程性，包括创新投入、创新产出和创新成果商业化。综合来看，企业的创新能力可以体现为4个方面：一是创新投入能力，包括企业R&D经费与R&D人员投入，既包括投入的数量，也包括投入的质量，即高质量的R&D经费投入及人力投入；二是协同创新能力，包括企业与其他主体开展合作创新、从外部获得技术支持的能力，以及与政府形成良好互动、利用政策资源的能力；三是知识产权能力，包括知识产权创造、知识产权保护、知识产权运用，以及将知识产权优势转化为竞争优势的能力；四是创新驱动能力，包括创新价值实现能力、国际市场影响力，以及对于经济社会发展的贡献。

（二）构建企业创新能力评价指标体系的基本原则

本报告在构建企业创新能力评价指标体系时，主要遵循以下3个基本原则：一是构建的指标体系能够全面、系统地反映企业创新能力的变化；二是确保指标数据的权威性、完整性及统计口径的一致性，增强基础数据的连续性和可比性，即生成评价指标的基础数据均来自政府统计调查制度，且均采用由国家或部门统计标准计算而来的统计指标；三是确保数据的公开性，生成评价指标的基础数据均来自公开出版物，包括《中国统计年鉴》《中国科技统计年鉴》《全国企业创新调查年鉴》《企业研发活动情况统计年鉴》《中国工业统计年鉴》等。

（三）企业创新能力评价指标体系构成

基于对企业创新能力基本特征的分析，并充分参考国际上关于创新能力评价的相关研究成果，如经济合作与发展组织的《OECD 科学技术和工业记分牌》、欧盟的《欧洲创新记分牌》，以及国内有影响力的创新评价研究，如《国家创新指数报告》《中国区域科技创新评价报告》《中国企业创新能力统计监测报告》《创新型国家进程统计监测研究报告》，本报告构建了包括创新投入能力、协同创新能力、知识产权能力和创新驱动能力 4 个一级指标、12 个二级指标和 24 个三级指标在内的企业创新能力评价指标体系（表 2-1）。在三级指标的设计上，采用了相对指标与绝对指标相结合的方法，以更真实地反映企业创新能力。

表2-1 企业创新能力评价指标体系

一级指标	二级指标	三级指标
创新投入能力	1 创新经费	1.1 创新经费投入
		1.2 R&D 经费支出与营业收入比值
	2 创新人力	2.1 企业 R&D 人员中硕士博士学历人员数
		2.2 R&D 人员占就业人员比重
	3 研发机构	3.1 有研发机构的企业占工业企业的比重
		3.2 研发机构 R&D 经费投入占企业 R&D 经费的比重
协同创新能力	4 创新合作	4.1 创新合作企业占全部企业比重
		4.2 合作开发技术合同成交额占技术开发合同总成交额比重
	5 创新资源整合	5.1 引进技术经费支出与购买国内技术经费支出之和与企业营业收入的比值
		5.2 购买国内技术经费支出与引进技术经费支出的比值
	6 创新政策利用	6.1 企业 R&D 经费内部支出中政府资金量
		6.2 研发费用加计扣除减免税
知识产权能力	7 知识产权创造	7.1 每亿元 R&D 经费投入的发明专利授权量
		7.2 每 10 亿元 R&D 经费投入的马德里商标申请数
	8 知识产权保护	8.1 采取知识产权保护或相关措施的企业占全部企业的比重
		8.2 认为知识产权保护政策有效的企业占比
	9 知识产权运用	9.1 万名企业就业人员有效发明专利量
		9.2 技术转让合同成交额

续表

一级指标	二级指标	三级指标
创新驱动能力	10 创新价值实现	10.1 新产品销售收入占营业收入比重
		10.2 知识产权使用费国际收入
	11 市场影响力	11.1 进入国家阶段的 PCT 国际申请量
		11.2 马德里商标注册数
	12 经济社会发展	12.1 劳动生产率
		12.2 综合能耗产出率

二、指标体系框架

（一）创新投入能力

创新投入能力反映企业开展创新活动的意愿和投入力度，主要从创新经费、创新人力和研发机构 3 个方面来测度，包括 3 个二级指标和 6 个三级指标。

其中，创新经费包括创新经费投入、R&D 经费支出与营业收入比值 2 个指标，分别反映创新经费投入总量及构成创新经费核心的 R&D 经费投入强度两个方面；创新人力包括企业 R&D 人员中硕士博士学历人员数、R&D 人员占就业人员比重 2 个指标，分别反映高学历 R&D 人员规模及 R&D 人员占比两个方面；研发机构包括有研发机构的企业占工业企业的比重、研发机构 R&D 经费投入占企业 R&D 经费的比重 2 个指标，分别反映研发机构设置比例、研发机构的实际经费支出情况两个方面。

（二）协同创新能力

协同创新能力反映企业在利用外部创新资源、开展合作创新方面的能力，主要从创新合作、创新资源整合、创新政策利用 3 个方面来测度，包括 3 个二级指标和 6 个三级指标。

其中，创新合作包括创新合作企业占全部企业比重、合作开发技术合同成交额占技术开发合同总成交额比重 2 个指标，分别反映创新合作企业的比例、合作开发技术合同的成交情况两个方面；创新资源整合包括引进技术经费支出与购买国内技术经费支出之和与企业营业收入的比值、购买国内技术经费支出与引进技术经费支出的比值 2 个指标，分别反映企业外部技术获取能力、国内技术供应能力两个方面；创新政策利用包括企业 R&D 经费内部支出中政府资金量、研发费用加计扣除减免税 2 个指标，企业从这两个方面获得的资金支持能够在很大程度上反映企业利用创新政策的能力。

（三）知识产权能力

知识产权能力反映企业在知识产权创造、保护和运用方面的表现，主要从知识产权创造、知识产权保护和知识产权运用 3 个方面来测度，包括 3 个二级指标和 6 个三级指标。

其中，知识产权创造包括每亿元 R&D 经费投入的发明专利授权量、每 10 亿元 R&D 经费投入的马德里商标申请数 2 个指标，分别从专利及商标的角度反映知识产权产出效率；知识产权保护包括采取知识产权保护或相关措施的企业占全部企业的比重、认为知识产权保护政策有效的企业占比 2 个指标，分别反映企业在知识产权保护意识、保护效果两个方面的特点；知识产权运用包括万名企业就业人员有效发明专利量、技术转让合同成交额 2 个指标，分别反映企业知识产权维持、利用并转化为经济收益的能力。

（四）创新驱动能力

创新驱动能力反映企业在实现创新成果价值、增强市场竞争力和推动经济发展方式转变方面的表现，主要从创新价值实现、市场影响力、经济社会发展 3 个方面来测度，包括 3 个二级指标和 6 个三级指标。

其中，创新价值实现包括新产品销售收入占营业收入比重、知识产权使用费国际收入 2 个指标，主要反映新产品销售、知识产权出口收益两个方面；市场影响力包括进入国家阶段的 PCT 国际申请量、马德里商标注册数 2 个指标，分别反映专利及商标在国际市场拓展过程中的作用；经济社会发展包括劳动生产率、综合能耗产出率 2 个指标，分别反映劳动生产效率和绿色生产水平。

三、具体指标说明

（一）创新经费

1. 创新经费投入

该指标反映创新经费投入水平。创新经费投入包括R&D经费内部支出、R&D经费外部支出、购买机器设备和软件经费支出、从外部获取相关技术经费支出。

2. R&D经费支出与营业收入比值

该指标反映企业R&D经费支出强度。计算方法为工业企业R&D经费内部支出／工业企业营业收入。其中，R&D经费内部支出指企业在报告期用于内部开展R&D活动的实际经费支出，包括人员工资、劳务费、其他日常支出、仪器设备购置费、土地使用和建造费等，不包括与外单位合作研究而拨给对方使用的经费。企业营业收入包括"主营业务收入"和"其他业务收入"。

（二）创新人力

1. 企业R&D人员中硕士博士学历人员数

该指标反映企业R&D人员中高学历人员所占的比例。其中，高学历人员包括硕士毕业生和博士毕业生。

2. R&D人员占就业人员比重

该指标反映R&D人员投入强度。计算方法为企业R&D人员投入量／企业就业人员数。其中，R&D人员指报告期企业从事基础研究、应用研究和试验发展活动的人员，包括直接参加R&D活动的人员和与R&D活动相关的管理人员和直接服务人员，不包括为R&D活动提供间接服务的人员，如餐饮服务人员、安保人员等，R&D人员投入量按全时当量统计；企业就业人员数采用工业企业平均用工人数。

（三）研发机构

1. 有研发机构的企业占工业企业的比重

该指标反映企业内部设置研发机构的情况。计算方法为有研发机构的企业数／工业企业数。企业办研发机构指企业自办或与外单位合办、在管理上同生产系统相对独立（或单独核算）的专门研究开发机构。有研发机构的企业数可以反映企业R&D活动的组织载体情况。

2. 研发机构R&D经费投入占企业R&D经费的比重

该指标反映研发机构的经费投入水平。计算方法为研发机构R&D经费投入／企业R&D经费内部支出。其中，研发机构R&D经费投入指报告期企业办研发机构用于内部开展研发活动实际支出的总费用，包括机构人员劳务费（含工资）支出、机构业务费支出、管理支出、固定资产购建支出及其他维持机构正常工作的日常费用等。

（四）创新合作

1. 创新合作企业占全部企业比重

该指标反映企业开展创新合作的活跃程度。创新合作指企业与其他企业或者机构共同开展的产品或工艺创新活动，不包括纯外包项目，反映企业创新活动的开放性。

2. 合作开发技术合同成交额占技术开发合同总成交额比重

该指标反映企业采用合作方式进行技术开发的情况。技术开发合同是当事人之间就新技术、新产品、新工艺、新品种或者新材料及其系统的研究开发所订立的合同，包括委托开发合同和合作开发合同。合作开发技术合同成交额反映了企业与其他主体共同参与、协作完成研究开发工作的程度。

（五）创新资源整合

1. 引进技术经费支出与购买国内技术经费支出之和与企业营业收入的比值

该指标反映企业的外部技术获取能力。购买国内技术经费支出指企业在报告期购买国内其他单位科技成果的经费支出，包括购买产品设计、工艺流程、图纸、配方、专利、技术诀窍及关键设备的费用支出。引进技术经费支出指企业在报告期用于购买境外技术的费用支出，包括产品设计、工艺流程、图纸、配方、专利等技术资料的费用支出，以及购买关键设备、仪器、样机和样件等的费用支出。

2. 购买国内技术经费支出与引进技术经费支出的比值

该指标反映本土企业的技术供应能力。购买国内技术经费支出相对于引进技术经费支出越高，表明企业开展创新活动所需购买的技术有更高比例可以从国内市场上获取，对国外的技术依赖程度在降低。

（六）创新政策利用

1. 企业R&D经费内部支出中政府资金量

该指标反映企业获得政府研发资金支持的能力。企业 R&D 经费内部支出中政府资金量指企业 R&D 经费内部支出中来自各级政府的财政资金，包括财政科学技术支出和财政其他功能支出的资金用于 R&D 活动的实际支出。

2. 研发费用加计扣除减免税

该指标反映企业获得税收优惠政策支持的能力。研发费用加计扣除减免税指企业按有关政策和税法规定税前加计扣除的研究开发活动费用所得税。

（七）知识产权创造

1. 每亿元R&D经费投入的发明专利授权量

该指标反映企业技术发明成果的产出效率。R&D 经费指企业 R&D 经费内部支出。发明专利授权量指企业作为第一专利权人，在报告年度内获得的经国内外专利行政部门授权的发明专利件数。

2. 每10亿元R&D经费投入的马德里商标申请数

该指标反映企业的商标权产出效率。马德里商标是根据《商标国际注册马德里协定》或《商标国际注册马德里协定有关议定书》的规定，在马德里联盟成员国间所进行的商标注册。特别地，马德里商标注册必须以国内商标注册或者国内商标注册申请为基础。

（八）知识产权保护

1. 采取知识产权保护或相关措施的企业占全部企业的比重

该指标反映企业的知识产权保护意识和保护水平。采取知识产权保护或相关措施主要包括申请发明专利、申请实用新型或外观设计专利、申请注册商标、进行版权登记、形成国家或行业技术标准、对技术秘密进行内部保护、应用难以复制的复杂技术、发挥时间上的先发优势等。

2. 认为知识产权保护政策有效的企业占比

该指标反映企业对知识产权保护政策的运用能力。知识产权保护政策主要包括知识产权保护法律法规、知识产权保护衔接机制和知识产权侵权惩罚性赔偿制度。

（九）知识产权运用

1. 万名企业就业人员有效发明专利量

该指标反映企业的技术储备和发明专利维持水平。有效发明专利量指报告期末企业作为专利权人在报告期拥有的经国内外知识产权行政部门授权，并且在有效期内的发明专利件数。

2. 技术转让合同成交额

该指标反映企业知识产权的转化能力和市场竞争力。技术转让合同指合法拥有技术的权利人将现有特定的专利、专利申请、技术秘密的相关权利让与他人所订立的合同。

（十）创新价值实现

1. 新产品销售收入占营业收入比重

该指标反映企业新产品的产出及利润实现能力。新产品销售收入指企业销售新产品实现的收入总额。在填报不同新颖度新产品销售份额时，为了避免重复统计，按产品新颖度的最高档次填报。例如，当某一项产品既是国际市场新产品，又是国内市场新产品时，只将该产品计入国际市场新产品份额。营业收入指企业在销售商品、提供劳务等日常活动中所产生的收入总额。

2. 知识产权使用费国际收入

该指标反映企业知识产权的国际影响力及在国际市场的获利能力。知识产权使用费包括特许和商标使用费、研发成果使用费、复制或分销计算机软件许可费、复制或分销视听及相关产品许可费和其他知识产权使用费。

（十一）市场影响力

1. 进入国家阶段的PCT国际申请量

该指标反映企业向国外申请专利的规模。PCT是专利合作条约的简称，通过PCT提交一件国际专利申请后，申请人可以同时在全世界100多个国家寻求对其发明的保护。PCT体系只是一个申请系统，不进入国家阶段就不能获得专利权，进入国家阶段后，还需要接受初步审查、国家公布、实质审查、授权公告等环节。

2. 马德里商标注册数

该指标反映企业商标申请的国际影响力。其中，马德里商标注册数指企业在报告期末拥有的马德里商标件数。

（十二）经济社会发展

1. 劳动生产率

该指标反映生产效率水平。计算方法为国内生产总值/就业人员数。

2. 综合能耗产出率

该指标反映生产的绿色、低能耗程度。计算方法为国内生产总值／能源消费总量。

历史篇 第三章

企业创新能力动态评价

中国企业创新能力评价报告 2022

　　企业创新能力动态评价包括创新投入能力、协同创新能力、知识产权能力和创新驱动能力 4 个方面。2020 年，我国企业总体创新能力稳步增长，较 2012 年提升了 149.0%。企业创新经费和创新人力投入持续快速增长，研发机构增速放缓；企业创新政策利用及创新资源整合能力明显提升，创新合作方面发展较缓；企业知识产权运用能力明显提高，知识产权保护能力和知识产权创造能力提升较缓；企业创新价值实现能力显著增强，市场影响力持续扩大，对经济社会发展的贡献不断扩大。

一、企业创新能力总体评价

　　企业创新能力指数是企业在创新投入能力、协同创新能力、知识产权能力及创新驱动能力 4 个方面信息的系统集成。在权重选择方面，参考国内外权威研究报告的方法，本报告采用等权重方法构建整体指数。为了体现企业各个维度创新的动态变化，并确保数据的可比性，报告以 2012 年的数据为基期（指数为 100.0），以 2012 年价格作为不变价，计算此后各年的相对创新表现。

　　2020 年，企业创新能力总指数比 2012 年增长了 149.0%。总体上，2012—2020 年，企业创新能力指数逐年上升，企业创新能力呈稳步增强态势（图 3-1）。

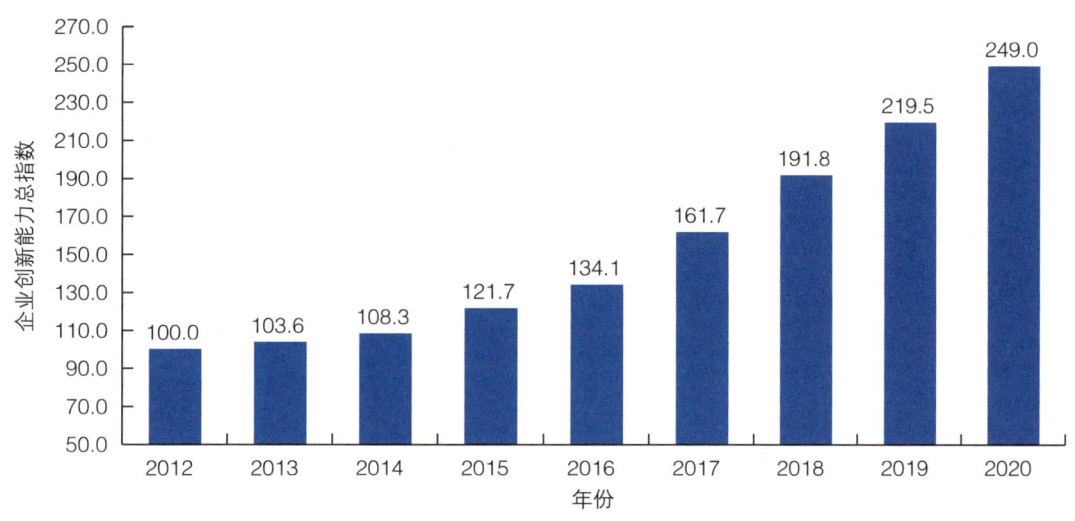

图3-1 企业创新能力总指数（2012—2020年）

2012年以来，企业各个维度的创新能力均持续提升，但增幅不完全一致（图3-2）。截至2020年，创新驱动能力指数提升幅度最大，较2012年增长了223.5%；其次为协同创新能力指数，较2012年增长了173.9%；知识产权能力指数及创新投入能力指数分别居第3、第4位，较2012年分别增长了126.6%和72.1%。

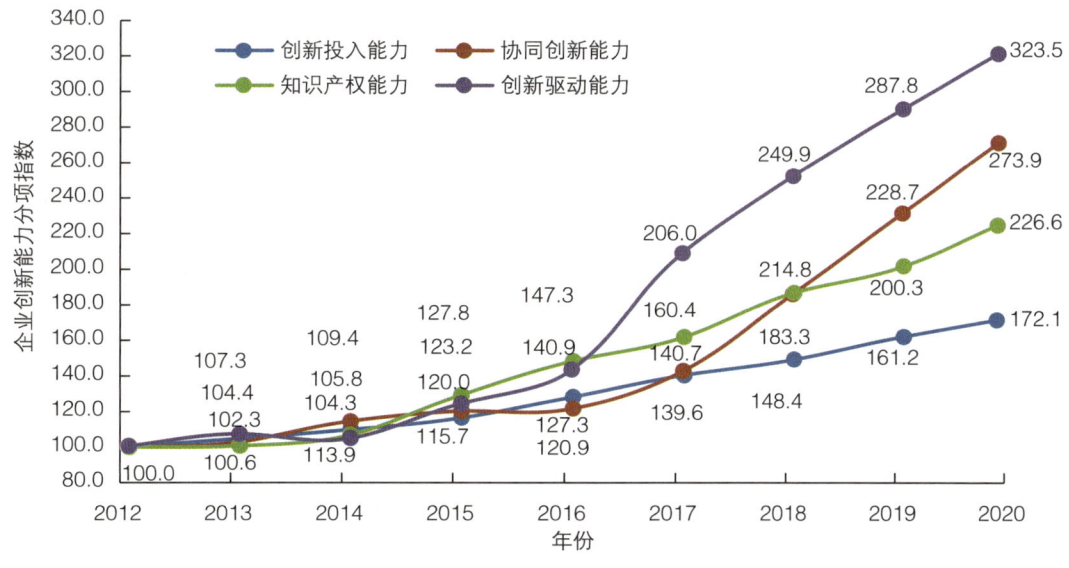

图3-2 企业创新能力分项指数（2012—2020年）

从 2012—2020 年的创新能力提升过程来看，创新投入能力指数在 2012—2015 年保持稳定增长，2015 年之后增长速度加快；知识产权能力指数早期增长平缓，2015 年开始超过创新投入能力指数并与之齐头并进，2020 年两者之间的差距与 2018 年基本持平；创新驱动能力指数在 2012—2014 年增长幅度有轻微波动，2015 年和 2016 年增长速度逐步回升，2017 年实现领跑，此后一直保持稳定的上升趋势，成为引领企业创新能力提升的重要力量；协同创新能力指数在 2012—2015 年维持稳定小幅增长，2016 年增长速度有所回落，自 2017 年起保持较高增长速度稳步提升。

二、企业创新能力分项指标评价

（一）创新投入能力

2020 年，企业创新经费指数较 2012 年增长 84.1%，创新人力指数及研发机构指数较 2012 年的增长幅度均超过 65%。创新经费呈稳步增长趋势，相较于 2012 年逐年增长 10% 左右；创新人力在 2012—2015 年保持稳定增长，2016—2017 年增长速度进一步加快，2018—2020 年增长速度放缓后有所回升，2020 年较 2012 年增长 67.0%；研发机构指数的变化和创新人力指数基本类似，2019 年增长速度加快，超过创新人力指数（图 3-3）。

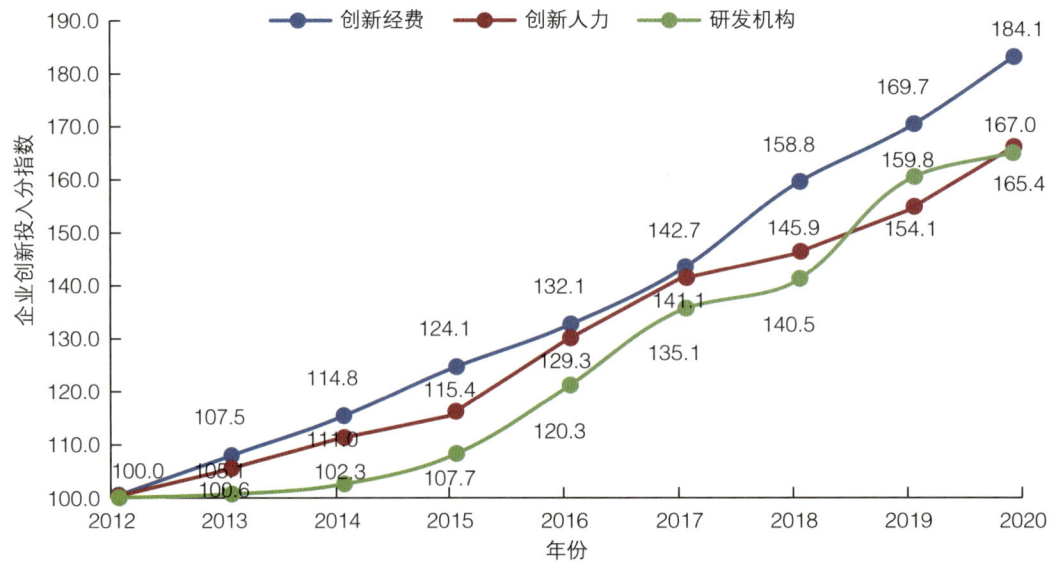

图 3-3　企业创新投入分指数（2012—2020 年）

1. 创新经费投入稳步上升，R&D经费逐年增长，投入强度超过1%

创新经费投入呈逐年上升趋势，从2012年的0.8万亿元上升到2020年的1.5万亿元，增长了86.2%。从创新经费增长率看，从2012年开始逐年放缓，2018年实现回升，至2020年已升至10.2%（图3-4）。持续增长的创新经费总量投入为企业扩大创新活动规模和实现创新成果转化奠定了坚实基础。

图3-4　企业创新经费投入情况（2012—2020年）

伴随创新经费投入增加，R&D经费的投入强度也逐年提升。2012—2016年企业R&D经费支出与营业收入比值低于1%，2017—2020年保持在1%之上，从1.06%上升到1.41%。

2. 企业R&D人员中硕士博士人员数逐年增加，R&D人员比重平稳增长

企业R&D人员中硕士博士学历人员数呈小幅上升趋势，2012—2017年逐年增长，2018年有所回落，2020年上升至459 579人；R&D人员占就业人员比重总体呈上升趋势，2012—2014年比重逐年增加，2015年略有下降，自2016年起保持稳定的快速增长，2020年达到6.1%（图3-5）。

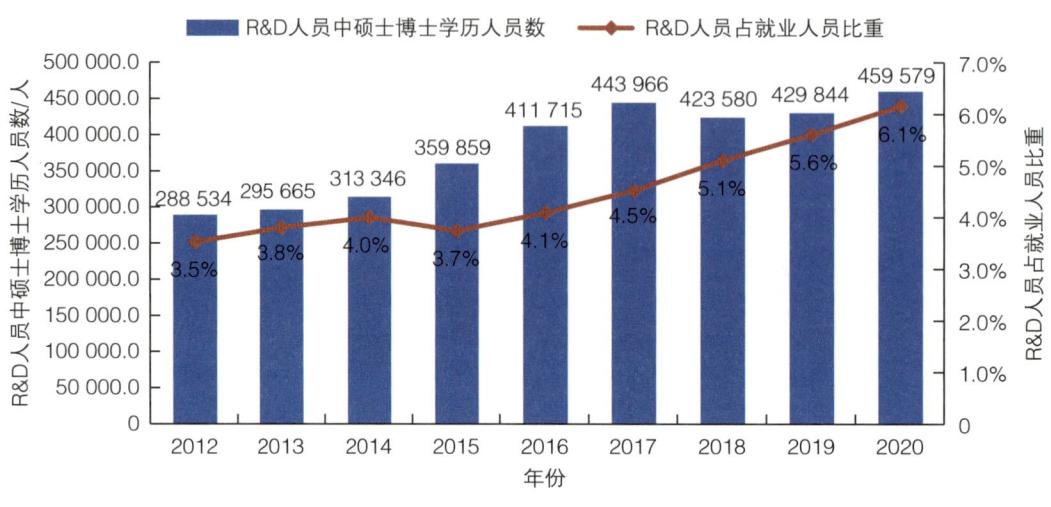

图3-5 企业R&D人员投入情况（2012—2020年）

3. 有研发机构的企业比重不断上升，研发机构经费投入比重超过80%

2012年，仅11.3%的企业拥有研发机构，到2020年，这一比重提升了1倍多，达到23.6%；研发机构R&D经费投入占企业R&D经费的比重在2012—2018年变动不大，2019年和2020年增幅较明显，2020年达到88.9%（图3-6）。

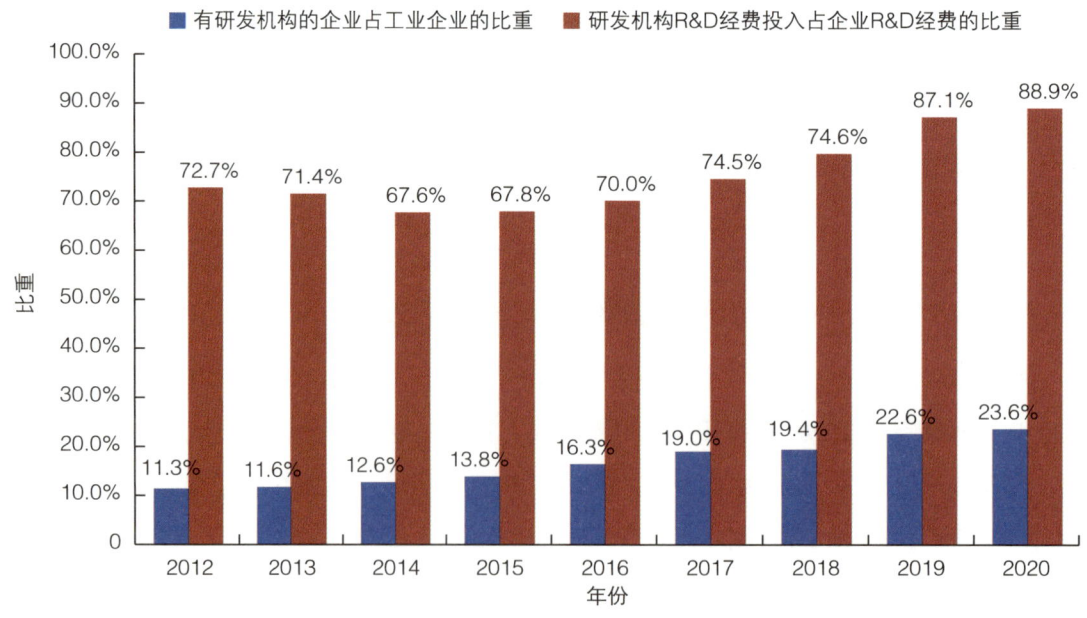

图3-6 企业研发机构设立情况（2012—2020年）

（二）协同创新能力

从反映协同创新能力的 3 个二级指数的表现看，企业创新政策利用指数呈不断增强之势，2020 年比 2012 年增长了 258.3%；企业创新合作指数在 2012—2016 年小幅增长，2017 年增长明显，2018—2020 年增幅放缓，2020 年该指数较 2012 年增长 91.8%；创新资源整合指数在 2012—2016 年有所下降，自 2017 年起逐步回升，2020 年达到 271.7（图 3-7）。这表明我国企业在协同创新方面具有非同步性，创新合作开展能力及外部创新资源整合能力有待提升。

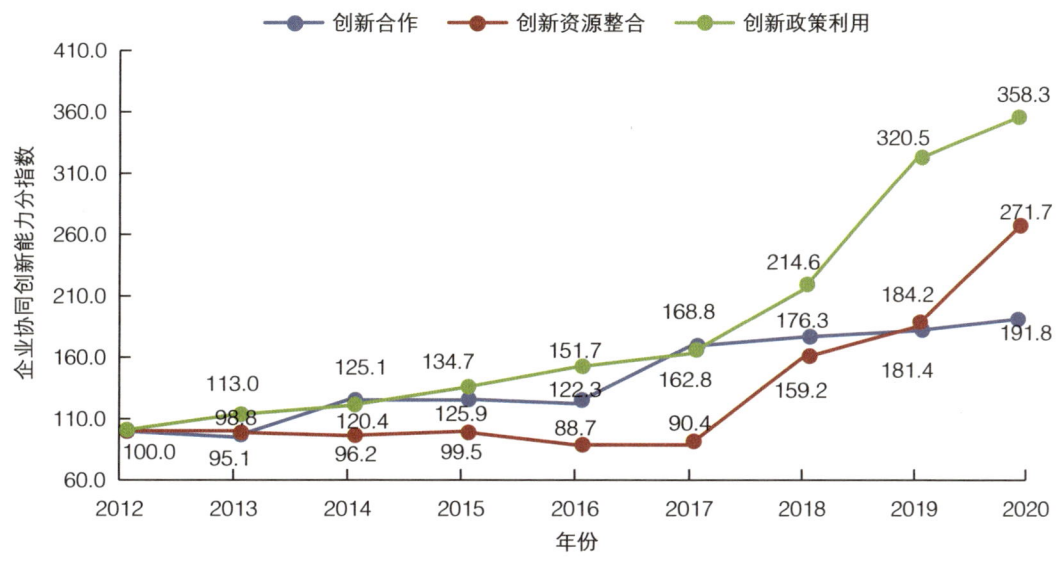

图3-7　企业协同创新能力分指数（2012—2020年）

1. 开展创新合作的企业比重逐年增加

开展创新合作的企业数逐年稳步增长，由 2016 年的 120 164 家增至 2020 年的 187 696 家，涨幅达 56.2%。相应地，创新合作企业占全部企业比重由 16.5% 稳定上升至 21.4%（图 3-8）。

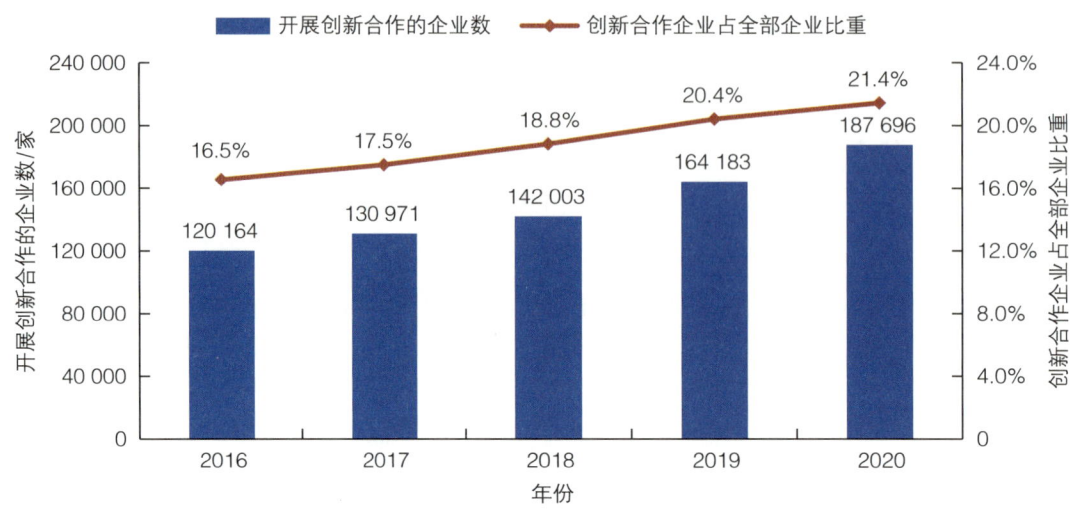

图3-8 企业开展创新合作情况（2016—2020年）

2. 技术开发合同总成交额中合作开发技术合同成交额比重呈阶梯式上升

企业合作开发技术合同成交额占技术开发合同总成交额比重呈现阶梯式上升态势。2012—2013年，企业合作开发技术合同成交额占技术开发合同总成交额的比重在6%～7%，2014—2016年维持在10%左右，2017—2020年进一步提升到16%左右波动，2020年的比重为17.2%（图3-9）。

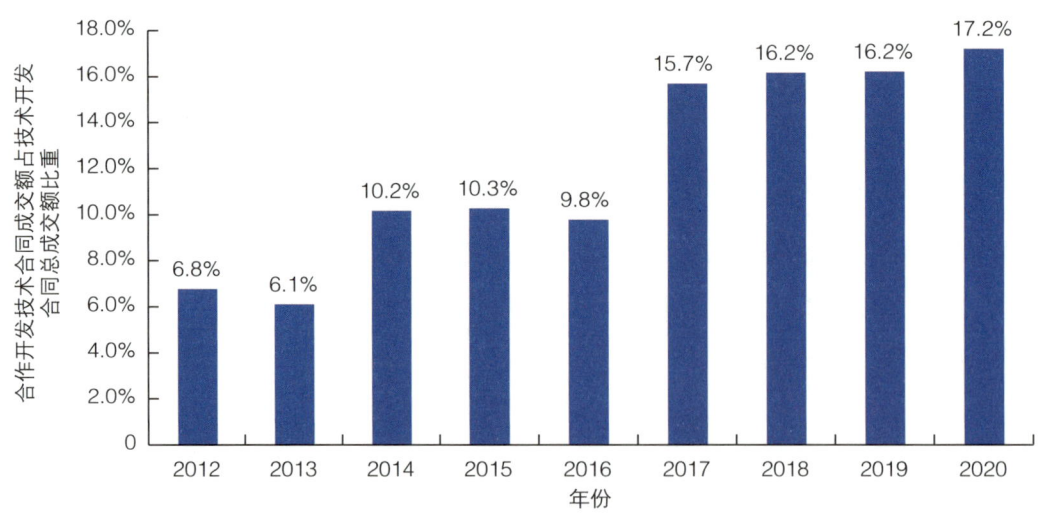

图3-9 合作开发技术合同成交额占技术开发合同总成交额比重情况（2012—2020年）

3. 企业获取外部技术的经费支出进一步增长，购买国内技术的经费支出占比提升

2020年，企业用于获取外部技术的经费支出持续增长，引进技术经费支出与购买国内技术经费支出之和与企业营业收入的比值为0.12%。从2012—2020年企业获取外部技术经费支出的提升过程来看，2012—2017年，企业引进技术经费支出与购买国内技术经费支出之和与企业营业收入的比值在轻微波动中下降至最低值0.05%，2018年出现明显上升，2019—2020年继续增长，并突破0.1%。从企业购买国内技术和引进技术的经费构成来看，2012—2017年，我国企业购买国内技术经费支出与引进技术经费支出的比值呈平稳波动趋势，2018年出现了明显增长，2019年及2020年进一步增长，分别增长至112.7%和182.4%（图3-10）。

图3-10　企业创新资源整合情况（2012—2020年）

4. 企业享受研发费用加计扣除减免税的力度持续加大

2012—2020年，企业R&D经费内部支出中政府资金量呈上升趋势，2012年为363.1亿元，2020年增长到457.1亿元。2012年企业研发费用加计扣除减免税为252.4亿元，2020年增长至1490.8亿元，特别是2018—2020年增幅较往年更加显著（图3-11）。这表明，一方面政府为激励企业创新，在资金投入及减税方面有大量投入；另一方面企业运用创新政策支持的能力不断增强。

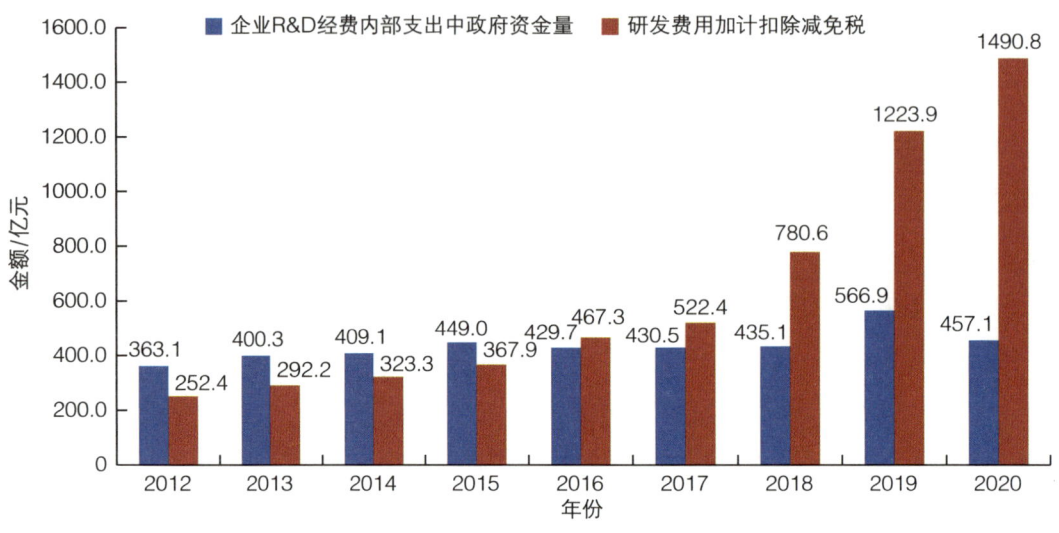

图3-11 企业创新政策利用情况（2012—2020年）

（三）知识产权能力

企业知识产权运用能力在2012—2020年提升迅速，2020年较2012年提升了324.3%。企业知识产权创造能力亦有一定程度的提升，2020年较2012年增长了62.5%。相比之下，企业知识产权保护能力无明显增长，2020年的知识产权保护指数为2012年的93.1%（图3-12）。

图3-12 企业知识产权能力分指数（2012—2020年）

1. 研发经费投入的专利产出效率相对稳定

2012—2014 年，我国企业每亿元 R&D 经费投入的发明专利授权量基本保持在 10 件左右。2015 年专利产出水平出现了明显增长，为 15.8 件，2020 年达到 17.6 件。同时，我国企业每 10 亿元 R&D 经费投入的马德里商标申请数总体上呈增长态势，由 2012 年的 3.0 件上升至 2020 年的 5.0 件（图 3-13）。

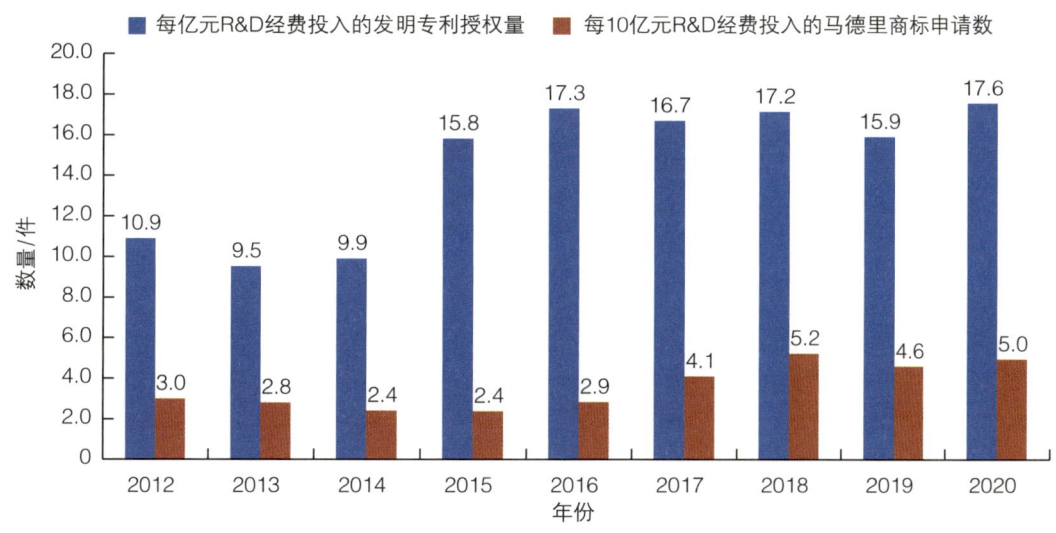

图3-13 企业知识产权创造情况（2012—2020年）

2. 半数以上企业采取知识产权保护措施

2016—2020 年，我国采取知识产权保护或相关措施的企业占全部企业的比重基本保持在 55% 左右，2020 年为 52.8%。2016—2020 年，认为知识产权保护政策有效的企业占比均超过 40%，由 2017 年的 43.0% 上升至 2020 年的 46.0%（图 3-14）。

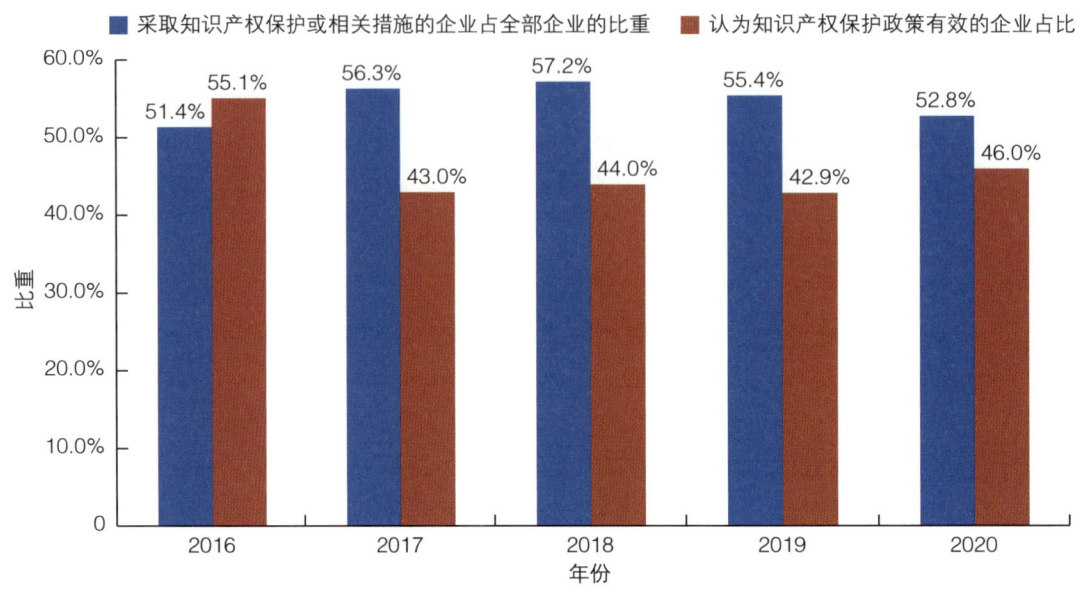

图3-14 企业知识产权保护情况（2016—2020年）

3. 万名企业就业人员的有效发明专利量逐年增长

2020年，万名企业就业人员有效发明专利量达到了186.7件，较2012年增长了544.3%。2012—2020年，万名企业就业人员有效发明专利量稳步增长，年均增长率达到26.2%（图3-15）。

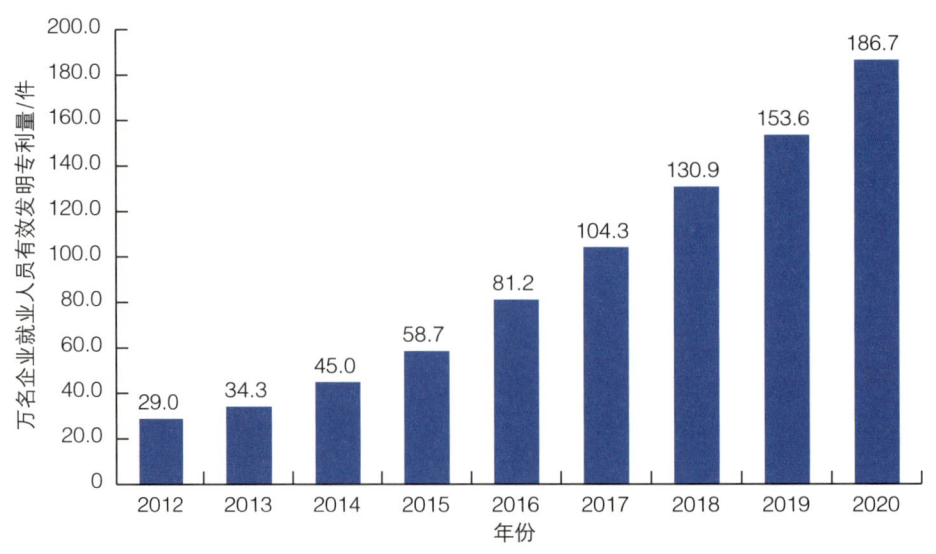

图3-15 万名企业就业人员有效发明专利量情况（2012—2020年）

4. 技术市场活跃程度持续提升

2012年，我国技术转让合同成交额为1020.8亿元，2016年逐步增长至1536.2亿元，2017年有所下降，2018—2020年逐步回升，2020年技术转让合同成交额达到2086.2亿元，较2012年增长了1倍左右（图3-16）。

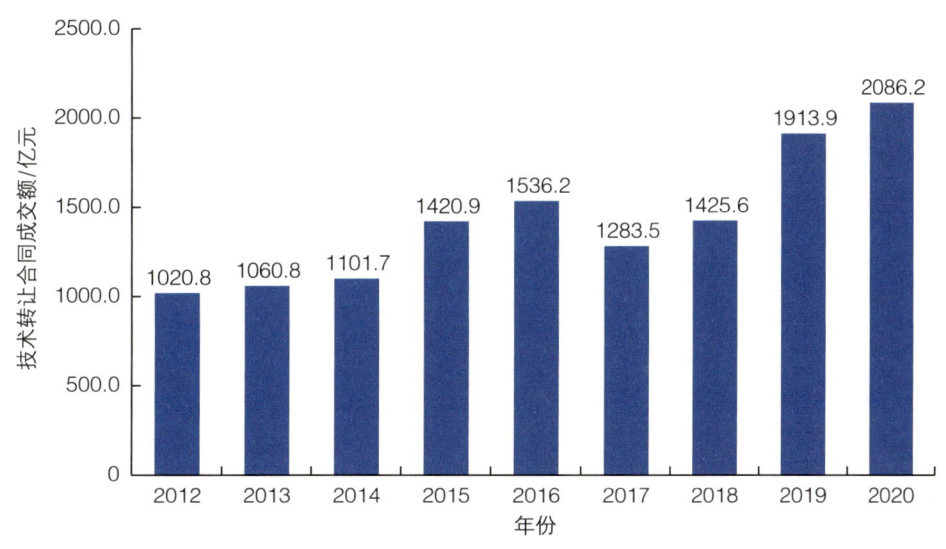

图3-16 技术转让合同成交额情况（2012—2020年）

（四）创新驱动能力

企业的创新驱动能力在很大程度上表现为创新成果的价值实现能力。创新价值实现指标在2012—2016年增长速度相对缓慢，2017年出现明显上升，较2012年增长了182.7%，2020年较2012年增长了366.5%。市场影响力指标在2012—2014年有小幅波动，2015年后加速上升，2019年比2012年增长了249.2%，2020年增长速度有所放缓，较2012年增长了254.2%。经济社会发展指标增长稳定，2020年较2012年增长了49.6%（图3-17）。

1. 企业新产品销售收入比重及知识产权使用费国际收入持续增长

企业新产品销售收入占营业收入比重在2012—2020年平缓上升，从2012年的11.9%提升到2020年的22.0%，增长近1倍。知识产权使用费国际收入在2012—2016年小幅波动，由2012年的10.4亿美元增长到2016年的10.9亿美元，2017年

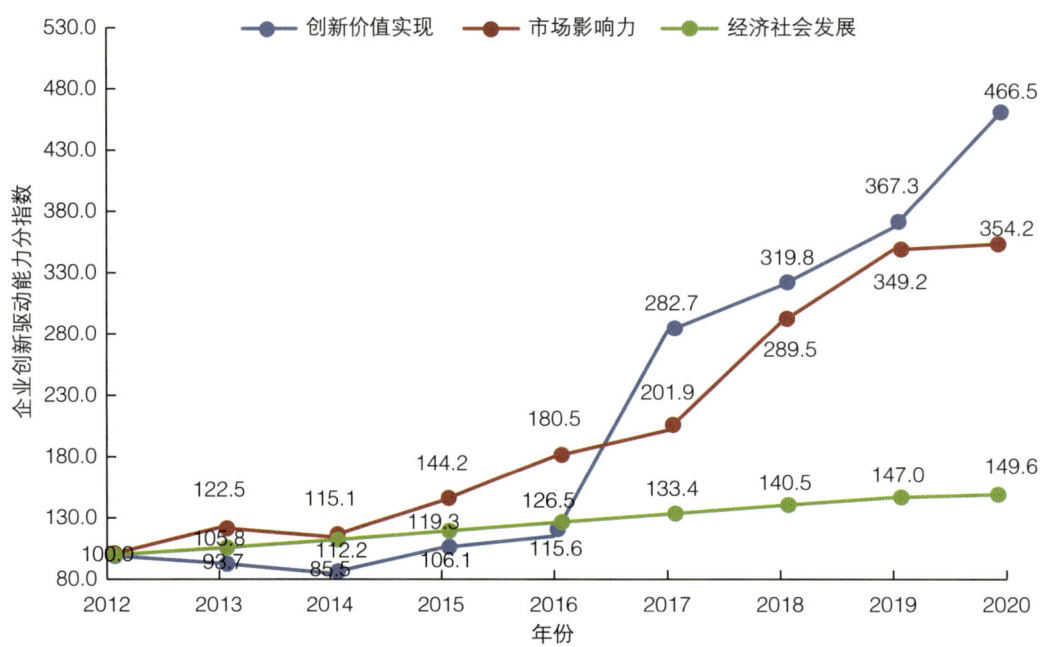

图3-17　企业创新驱动能力分指数（2012—2020年）

增长至44.2亿美元，2018—2020年维持增长态势，2020年达78.1亿美元，较2012年增长了6.5倍（图3-18）。

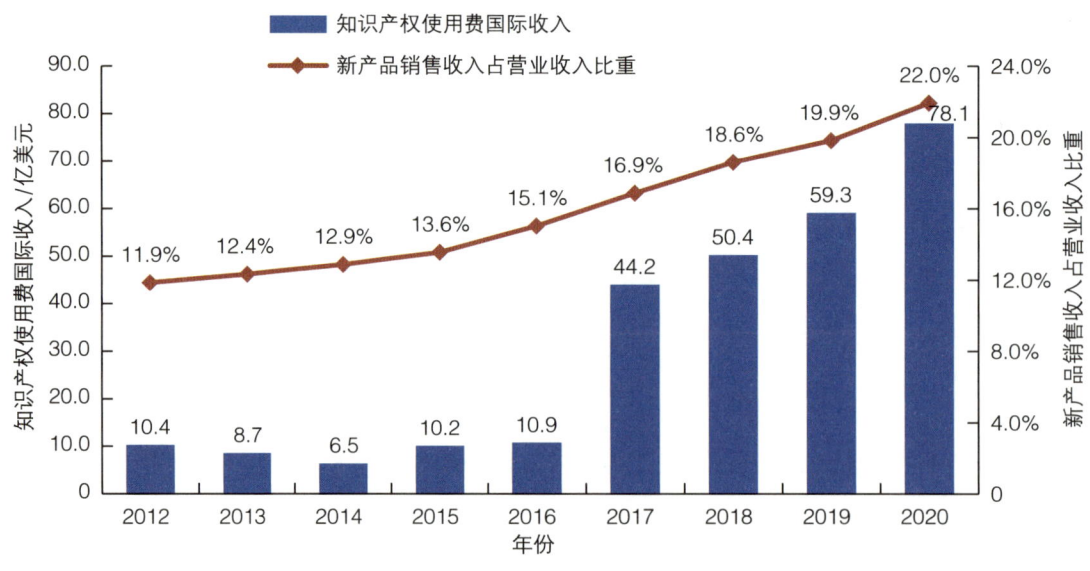

图3-18　企业创新价值实现情况（2012—2020年）

2. 基于知识产权的国际市场影响力不断增强

近几年，中国作为国际知识产权创造大国的地位不断巩固。2012—2020 年，进入国家阶段的 PCT 国际申请量及马德里商标注册数均呈现不断增长的态势，PCT 国际申请量增长尤为明显。2012 年，进入国家阶段的 PCT 国际申请量为 1.7 万件，2020 年增长至 5.3 万件；2012 年，马德里商标注册数为 1865 件，2020 年增长至 7525 件（图 3-19）。PCT 国际申请量和马德里商标注册数的平稳增长，表明企业创新成果的国际市场影响力在不断增强。

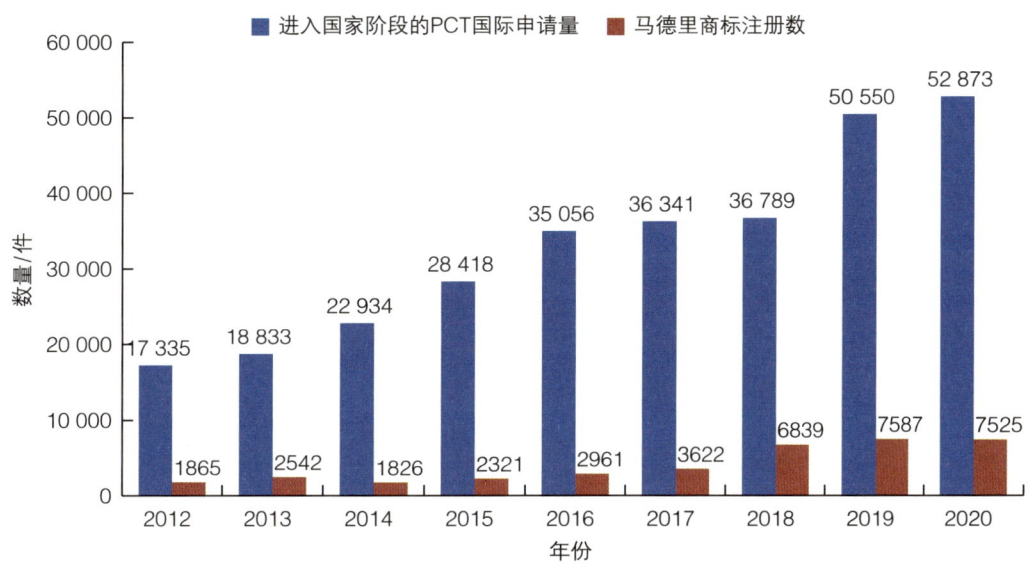

图 3-19　企业 PCT 国际申请量和马德里商标注册数情况（2012—2020 年）

3. 劳动生产率与综合能耗产出率呈持续增长态势

我国劳动生产率在 2012—2020 年呈持续增长态势。2012 年的劳动生产率为 7.1 万元/人，2020 年提升到 11.8 万元/人；同期，综合能耗产出率也不断增加，从 2012 年的 1.3 万元/吨标准煤上升到 2020 年的 1.8 万元/吨标准煤（图 3-20）。这表明，随着企业的创新成果扩散到经济社会发展各个领域，创新驱动高质量发展的效果正逐步显现。

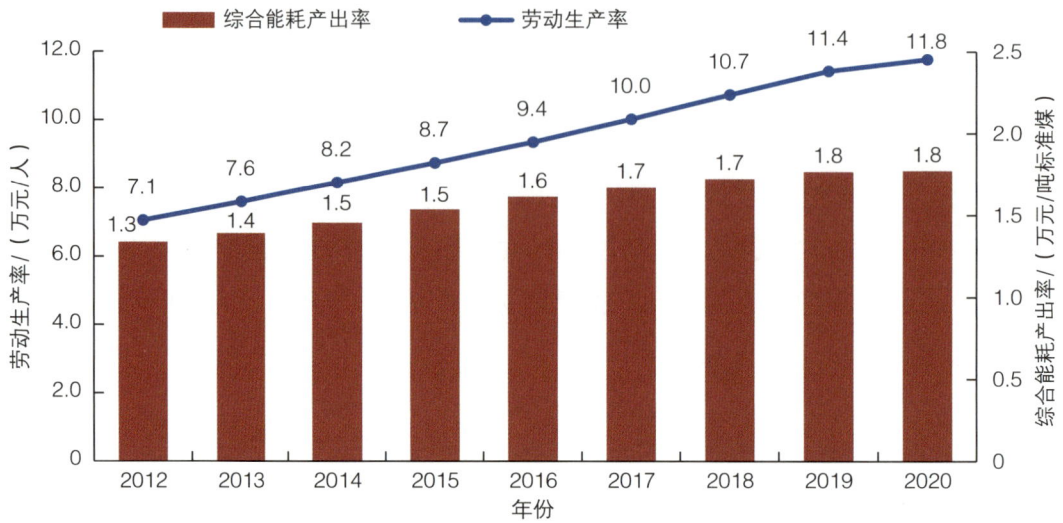

图3-20　劳动生产率和综合能耗产出率情况（2012—2020年）

第四章 国际篇

企业创新能力国际比较

在知识经济时代，企业的国际竞争力建构在其强大的研发和创新能力之上。当前，中国企业在创新活跃程度方面处于发展中国家前列，但与发达国家相比仍存在一定差距。中国企业的创新投入能力已具有较强国际竞争力，高质量创新产出水平有待提升，劳动生产率明显落后于发达国家。中国创新型领军企业正在崛起，2020 年，597 家企业[①]入围欧盟工业研发投资记分牌 2500 强；2021 年，5 家企业入围全球最具创新力企业 50 强，14 家企业[②]入围自然指数全球企业科研机构 100 强；2022 年，174 家企业[③]上榜 CB Insights 全球独角兽企业榜单。

一、创新活跃程度

比较欧盟企业创新调查（CIS11）与中国企业创新调查的结果，可以发现，中国企业的创新活跃程度处于发展中国家前列，与发达国家相比尽管还存在一定差距，但在有些方面已与其水平相当。

（一）总体创新活跃程度

欧盟 27 国开展创新活动的企业占被调查企业的比重为 50.3%，实现创新的企业

---

① 此处为中国大陆数据。
② 同①。
③ 同①。

占比为 46.5%，均略高于中国。从全部企业中实现创新的企业所占比重看，爱沙尼亚（68.6%）、塞浦路斯（68.2%）、德国（63.7%）、瑞典（61.4%）、奥地利（60.3%）的企业占比较高。

分行业看，制造业中实现创新的企业占比较高的国家为塞浦路斯（69.5%）、爱沙尼亚（68.8%）和德国（67.2%），中国（57.9%）与丹麦（56.0%）、意大利（59.5%）水平相当；在服务业中，实现创新的企业占比较高的国家有塞浦路斯（68.3%）、爱沙尼亚（67.9%）、瑞典（62.3%）、德国（61.8%），中国（28.5%）与拉脱维亚（27.5%）、西班牙（26.7%）接近。

（二）产品创新活跃程度

欧盟 27 国实现产品创新的企业占被调查企业的比重为 29.8%，中国（20.7%）与之相比还有一定差距。实现产品创新的企业占比较高的国家为爱沙尼亚（49.4%）、塞浦路斯（48.6%）、挪威（45.4%）、瑞典（42.6%）和希腊（42.5%）。分行业看，制造业中实现产品创新的企业占比较高的国家是塞浦路斯（52.9%）、爱沙尼亚（51.4%）、挪威（47.3%）和德国（44.9%），中国工业中实现产品创新的企业占比为 35.3%；服务业中实现产品创新的企业占比较高的国家有爱沙尼亚（48.1%）、塞浦路斯（47.8%）、挪威（45.9%）和瑞典（43.8%），中国服务业中实现产品创新的企业占比为 8.6%。

二、创新活动投入

（一）企业 R&D 经费投入位居国际前列

在 R&D 经费投入方面，2020 年，企业 R&D 经费投入额超过千亿美元的国家有美国、中国和日本，R&D 经费投入分别为 5429.5 亿美元、2706.0 亿美元和 1298.1 亿美元。以色列、日本、韩国、中国、匈牙利和美国企业投入的 R&D 经费占全国 R&D 经费的比重在 75% 以上，分别为 90.3%、79.1%、78.7%、76.6%、76.5% 和 75.3%。

（二）中国企业 R&D 活动的人力投入水平国际领先

在 R&D 人力投入方面，2020 年，中国遥遥领先于其他各国，共投入 406.0 万人年，美国和日本企业分居第 2、第 3 位，分别投入 167.7 万人年[①] 和 62.5 万人年；从企业部门从事 R&D 活动人员占全部 R&D 活动人员的比重看，中国、韩国、瑞典和荷兰占比较高，分别为 77.6%、76.4%、71.5% 和 71.1%。

三、知识产权和创新绩效

（一）中国有效专利的规模优势明显，与美国大致相当

从各国在全球拥有的有效发明专利数量看，2020 年，美国的发明专利拥有量为 315.9 万件，居全球之首；日本居第 2 位，拥有 308.7 万件发明专利；中国居第 3 位，拥有 254.6 万件发明专利，较上一年增长 18.9%。可见在专利创造方面，中国虽然与美国、日本两国仍有一定差距，但作为专利创造大国的优势不断巩固，开始从专利大国走向专利强国。

（二）中国三方专利申请量与日本、美国相比差距较大

在高质量专利创造水平方面，中国企业与日本、美国差距明显。从三方专利申请量看，2020 年，日本拥有三方专利 1.7 万件，占全球三方专利总数的 30.8%，居世界首位；美国拥有三方专利 1.3 万件，占全球三方专利总数的 23.0%，居第 2 位；中国三方专利申请量为 5897 件，占全球三方专利总数的 10.4%，居第 3 位。

（三）中国劳动生产率相对较低，低于金砖国家平均水平

2020 年，卢森堡的劳动生产率居全球首位，达 22.7 万美元／人；爱尔兰、挪威、瑞士、丹麦分别为 18.0 万美元／人、17.9 万美元／人、14.6 万美元／人、13.1 万美元／人。中国的劳动生产率为 1.5 万美元／人，与其他金砖国家相比，中国的劳动生产率低于俄罗斯（2.5 万美元／人）、南非（2.6 万美元／人）和巴西（2.7 万美元／人），高于印度（0.6 万美元／人）。

---

① 美国企业为 2019 年数据。

四、创新型领军企业

一国的创新型领军企业往往是开展前沿创新的重要力量,也可以引领和带动大量中小企业构成创新链和创新集群。国际上一些权威评价报告基于不同评价标准,对全球范围内企业创新能力进行测度和排名。欧盟产业研发投资记分牌(The EU Industrial R&D Investment Scoreboard)、科睿唯安全球百强创新机构、自然指数(Nature Index)全球企业科研机构100强、波士顿咨询公司的全球最具创新力企业50强,以及CB Insights全球独角兽企业榜单从不同侧面遴选出全球排名前列的创新型企业。其中,欧盟产业研发投资记分牌侧重比较各国企业创新投入水平;全球百强创新机构从专利质量视角比较各国企业创新产出;自然指数的全球企业科研机构100强基于顶级期刊发文数量构建全球创新产出100强企业榜单;波士顿咨询公司的全球最具创新力企业50强从创新绩效维度比较各国企业创新能力;CB Insights全球独角兽企业榜单主要测度各国初创企业的创新能力。

欧盟产业研发投资记分牌数据来自欧盟和全球其他地区企业每年的财务报表,主要包含全球排名前2500家企业的研发活动数据和欧洲排名前1000家企业的研发活动数据。评价标准包括研发支出、研发投入年增长率、销售净额、销售净额年增长率、研发投入强度、资本支出、资本支出年增长率、资本支出强度、运营利润、运营利润年增长率、盈利能力、员工人数、员工年增长率、市值、市值年增长率等指标。

2020年,全球产业研发投资前2500家企业来自39个国家/地区。其中,美国以779家企业位居榜首,占比为31.2%;中国大陆居第2位,共有597家企业上榜,占比为23.9%;日本共有293家企业上榜,占比为11.7%,居第3位;欧盟共有401家企业上榜,其中,德国124家,法国66家(表4-1)。

表4-1 全球产业研发投资2500强企业的国家/地区分布(2020年)

国家/地区	入围企业数/家	国家/地区	入围企业数/家
美国	779	德国	124
中国大陆	597	英国	105
日本	293	中国台湾	86

续表

国家/地区	入围企业数/家	国家/地区	入围企业数/家
法国	66	澳大利亚	11
韩国	60	挪威	11
瑞士	57	土耳其	7
荷兰	34	新加坡	6
瑞典	34	巴西	5
丹麦	29	卢森堡	4
爱尔兰	27	新西兰	3
加拿大	26	葡萄牙	2
印度	25	俄罗斯	2
意大利	21	匈牙利	1
以色列	21	冰岛	1
芬兰	15	波兰	1
西班牙	14	斯洛文尼亚	1
奥地利	14	马耳他	1
比利时	13	其他非欧6国	9

数据来源：The EU Industrial R&D Investment Scoreboard 2021。

从入围企业的技术领域分布来看，生物技术与制药入围企业共438家，占比为17.5%；其后为软件与计算机服务业（324家，占比为13.0%）、电子与电力设备（230家，占比为9.2%）、科技硬件与设备（228家，占比为9.1%）、工业工程（175家，占比为7.0%）；汽车行业、化学制品、卫生保健设备和服务业占比分别为6.0%、5.2%、3.5%；航空航天与国防占比为1.7%，其他技术领域占比为27.8%（表4-2）。

表4-2 全球产业研发投资2500强企业的技术领域分布（2020年）

技术领域	入围企业数/家	技术领域	入围企业数/家
生物技术与制药	438	汽车行业	151
软件与计算机服务业	324	化学制品	129
电子与电力设备	230	卫生保健设备和服务业	87
科技硬件与设备	228	航空航天与国防	43
工业工程	175	其他	695

数据来源：The EU Industrial R&D Investment Scoreboard 2021。

科睿唯安公司通过对创新机构专利数据进行深度挖掘，每年遴选出全球百强创新机构。入围全球百强创新机构需要满足专利量多、质高两个条件。首先，只有在最近5年中拥有至少100件基础专利的机构才被纳入遴选范围；其次，反映专利质量的指标构成重要的遴选标准，包括专利授权率、全球化水平和影响力。2021年，日本有35家机构入围，美国有18家机构入围，分别居前2位；德国和中国台湾均有9家机构入围，并列第3位；法国有8家机构入围，中国大陆和韩国均有5家机构入围（表4-3）。中国大陆入围机构分别为华为、京东方、TCL、阿里巴巴和蚂蚁集团。

表4-3　全球百强创新机构的国家/地区分布（2021年）

国家/地区	入围机构数/家	国家/地区	入围机构数/家
日本	35	韩国	5
美国	18	瑞士	4
德国	9	荷兰	3
中国台湾	9	英国	2
法国	8	沙特阿拉伯	1
中国大陆	5	瑞典	1

数据来源：Derwent Top 100 Global Innovators 2022。

从入围机构的技术领域分布看，表现出明显的集聚特征。电子和计算机设备机构最多，共有28家机构入围；其后为汽车，共有12家机构入围；化学制品和材料共有10家机构入围；其余技术领域入围机构数分别为半导体（8家），工业系统（8家），工业集团（7家），航空和国防（6家），能源和电气（6家），消费品和食品（4家），电信（3家），政府和学术机构（3家），软件、媒体、金融科技（2家），制药（2家）及医疗和生物技术（1家）（表4-4）。

表4-4　全球百强创新机构的技术领域分布（2021年）

技术领域	入围机构数/家	技术领域	入围机构数/家
电子和计算机设备	28	工业系统	8
汽车	12	工业集团	7
化学制品和材料	10	航空和国防	6
半导体	8	能源和电气	6

续表

技术领域	入围机构数/家	技术领域	入围机构数/家
消费品和食品	4	软件、媒体、金融科技	2
电信	3	制药	2
政府和学术机构	3	医疗和生物技术	1

数据来源：Derwent Top 100 Global Innovators 2022。

美国波士顿咨询公司基于对2500名全球创新高管的调查，从全球知名度、同行评价、行业创新和价值增长4个维度评估企业业绩。2021年，在全球最具创新力的50家企业中，美国有27家企业入围，优势明显；德国和中国分别有5家企业入围；其后分别为日本（4家）、韩国（3家）、瑞士（2家），瑞典、西班牙、英国和荷兰均有1家企业入围。中国入围的5家企业分别为华为（第8位）、阿里巴巴（第14位）、联想（第25位）、腾讯（第26位）和小米（第31位）（表4-5）。

表4-5　美国波士顿咨询公司全球最具创新力企业50强的国家分布（2021年）

国家	入围企业数/家	国家	入围企业数/家
美国	27	瑞士	2
德国	5	瑞典	1
中国	5	西班牙	1
日本	4	英国	1
韩国	3	荷兰	1

数据来源：BCG Global Innovation Survey。

从入围企业的技术领域分布看，2021年，技术硬件（10家）、软件服务（10家）、制药工业（9家）、生活消费品（7家）排前4位；其后为机车零部件（4家）、批发零售（4家）、耐用品（3家）；媒介娱乐、工业品生产、工业用材各有1家企业入围（表4-6）。

表4-6 美国波士顿咨询公司全球最具创新力企业50强的技术领域分布（2021年）

技术领域	入围企业数/家	技术领域	入围企业数/家
技术硬件	10	批发零售	4
软件服务	10	耐用品	3
制药工业	9	媒介娱乐	1
生活消费品	7	工业品生产	1
机车零部件	4	工业用材	1

数据来源：BCG Global Innovation Survey。

自然指数（Nature Index）数据库主要基于在顶级期刊发表的文章数量，对高校、政府科研机构、企业研究机构、非营利机构的创新质量进行评估，并发布年度科研机构500强、政府科研机构100强、企业科研机构100强和大学科研机构500强榜单。

2021年，自然指数全球企业科研机构100强中，美国共有46家企业上榜，入围企业数位居第一。中国大陆入围企业数位居第二，共有14家企业上榜，其中，排前5位的企业分别为中国船舶重工（第16位）、烽火科技（第22位）、中国航天科技（第28位）、华大基因（第29位）、中国化工（第33位）；日本共有10家企业上榜，入围企业数位居第三（表4-7）。

表4-7 自然指数全球企业科研机构100强的国家/地区分布（2021年）

国家/地区	入围企业数/家	国家/地区	入围企业数/家
美国	46	韩国	2
中国大陆	14	比利时	2
日本	10	荷兰	2
英国	5	丹麦	1
德国	5	乌克兰	1
新西兰	3	意大利	1
法国	3	挪威	1
瑞士	3	中国台湾	1

数据来源：Nature Index。

各国独角兽企业的发展状况代表了初创企业创新能力的积累和实现水平，也反映出不同国家潜在的企业创新能力。独角兽企业是指公司估值超过10亿美元的私有/初创企业，其典型特征为利用新技术、新应用构建新的商业模式，引领行业发展趋势。CB Insights 创建的独角兽企业数据库统计显示，截至 2022 年 9 月，全球估值在 10 亿美元以上的独角兽企业总数超过 1100 家。独角兽企业数量排名前五的国家/地区依次为美国（640 家）、中国大陆（174 家）、印度（70 家）、英国（46 家）和德国（29 家），其中，美国和中国大陆的独角兽企业数量合计占比高达 70% 以上（表 4-8）。

表4-8 全球独角兽企业的国家/地区分布（2022年）

国家/地区	独角兽企业数量/家	国家/地区	独角兽企业数量/家
美国	640	哥伦比亚	3
中国大陆	174	土耳其	3
印度	70	阿联酋	3
英国	46	奥地利	2
德国	29	智利	2
法国	24	克罗地亚	2
以色列	22	丹麦	2
加拿大	19	爱沙尼亚	2
巴西	17	立陶宛	2
韩国	17	菲律宾	2
新加坡	13	南非	2
澳大利亚	8	泰国	2
墨西哥	8	越南	2
瑞典	8	阿根廷	1
中国香港	7	巴哈马	1
印度尼西亚	7	百慕大群岛	1
荷兰	7	捷克	1
爱尔兰	6	厄瓜多尔	1
日本	6	意大利	1
瑞士	6	卢森堡	1
挪威	5	马来西亚	1
芬兰	4	尼日利亚	1
西班牙	4	塞内加尔	1
比利时	3	塞舌尔	1

数据来源：www.cbinsights.com/research-unicorn-companies/。

从技术领域看，独角兽企业数量较多的前5个技术领域分别为金融科技（246家）、互联网软件及服务（227家）、电子商务（108家）、医疗健康（95家）和人工智能（87家）；其他技术领域包括供应链与物流（67家）、网络安全（58家）、数据管理与分析（45家）、汽车与交通运输（40家）、硬件（38家）、移动通信（38家）、教育科技（32家）、消费零售（28家）、旅游（14家）等（表4-9）。

表4-9 全球独角兽企业的技术领域分布（2022年）

技术领域	独角兽企业数量/家	技术领域	独角兽企业数量/家
金融科技	246	数据管理与分析	45
互联网软件及服务	227	汽车与交通运输	40
电子商务	108	硬件	38
医疗健康	95	移动通信	38
人工智能	87	教育科技	32
供应链与物流	67	消费零售	28
其他	65	旅游	14
网络安全	58	互联网	2

数据来源：https://www.cbinsights.com/research-unicorn-companies/。

第五章

区域篇

区域企业创新能力比较

我国区域间企业创新能力表现出较明显的差异。从测度企业创新能力的 20 个指标看，2020 年，8 个省（自治区、直辖市）拥有 10 个以上超过全国平均水平的指标，8 个省（自治区、直辖市）超过全国平均水平的指标不足 2 个。全国领先的创新型省（自治区、直辖市）表现突出，广东、江苏和安徽均有 17 个以上超过全国平均水平的指标；区域领先的创新型省（自治区、直辖市）表现优异，安徽有 18 个指标超过中部地区平均水平，重庆有 18 个指标超过西部地区平均水平。

一、企业创新能力评价指标构建

区域间企业创新能力评价遴选了 20 项评价指标，包括创新合作企业占全部企业比重、工业企业 R&D 经费内部支出占营业收入比重、有国际市场新产品工业企业占产品创新工业企业比重、有创新战略目标企业占全部企业比重等，对企业创新能力进行比较分析。企业创新能力比较主要采用两个评价视角：一是各省（自治区、直辖市）指标与全国平均水平对比，以反映该省（自治区、直辖市）企业相对于全国的创新水平；二是各省（自治区、直辖市）指标与所在地区（东部、中部、西部及东北地区）平均水平对比，以反映该省（自治区、直辖市）企业在该区域的相对创新水平。

鉴于指标的量纲不一致，评价以柱状图形式呈现省（自治区、直辖市）各指标与全国（地区）的相对值。对于部分省（自治区、直辖市）相关指标多倍于全国（地区）平均水平的情形，以平均水平的 1.2 倍为界对图形做截尾处理，并在图中标注相应指标的实际取值。

二、各地区企业创新能力分析

1. 北京

北京有 10 个指标高于全国平均水平，企业研发费用加计扣除减免税占企业 R&D 经费支出比重、万名工业企业就业人员有效发明专利量和工业企业 R&D 人员占就业人员比重优势明显，分别达到全国平均水平的 368.2%、356.2% 和 125.8%[①]；有研发机构工业企业占工业企业比重表现欠佳，为全国平均水平的 63.5%（图 5-1）。

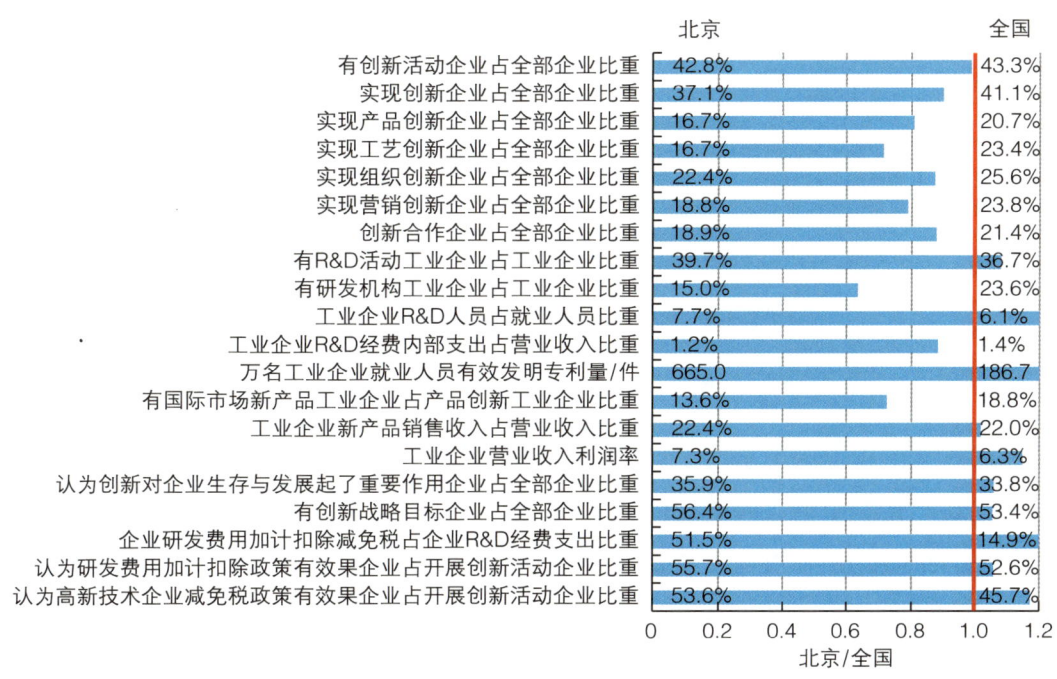

图5-1 北京企业创新能力：与全国对比

北京有 8 个指标高于东部地区平均水平，企业研发费用加计扣除减免税占企业 R&D 经费支出比重、万名工业企业就业人员有效发明专利量和认为高新技术企业减免税政策有效果企业占开展创新活动企业比重表现突出，分别达到地区平均水平的 328.3%、283.4% 和 115.6%；有研发机构工业企业占工业企业比重有待加强，为地区平均水平的 50.3%（图 5-2）。

---

① 本部分数据均按原始数据计算，下同。

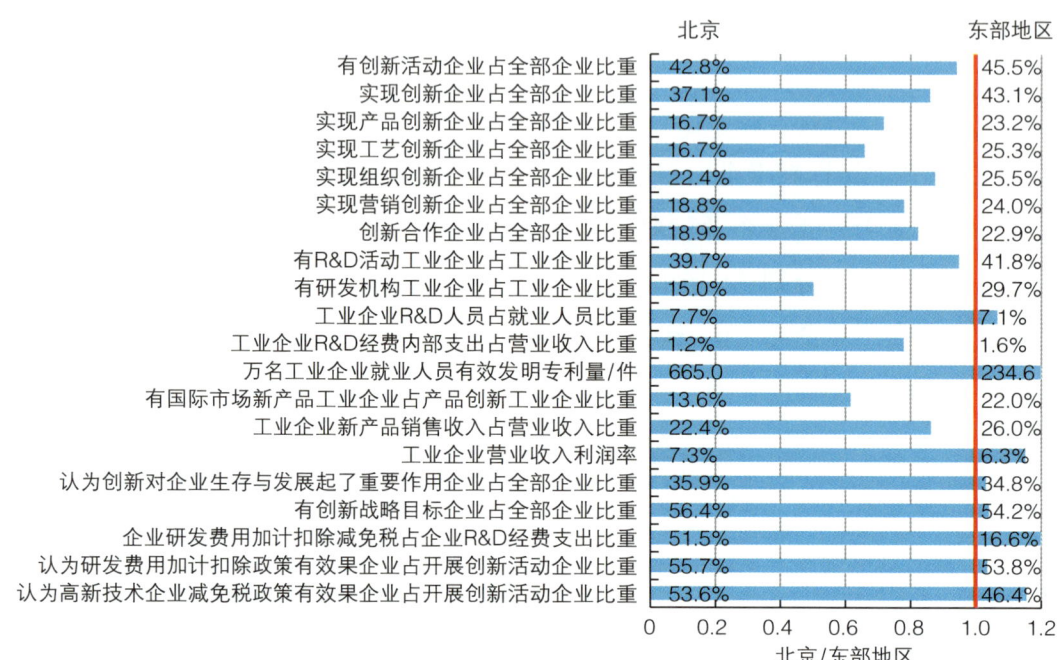

图5-2　北京企业创新能力：与东部地区对比

2. 天津

天津有2个指标高于全国平均水平，万名工业企业就业人员有效发明专利量和有国际市场新产品工业企业占产品创新工业企业比重具有优势，分别占到全国平均水平的124.2%和101.6%；有研发机构工业企业占工业企业比重有待提高，仅为全国平均水平的39.7%（图5-3）。

天津所有指标均低于东部地区平均水平，万名工业企业就业人员有效发明专利量表现相对较好，达到地区平均水平的98.8%；有研发机构工业企业占工业企业比重和实现产品创新企业占全部企业比重落后较多，分别仅为地区平均水平的31.5%和58.7%（图5-4）。

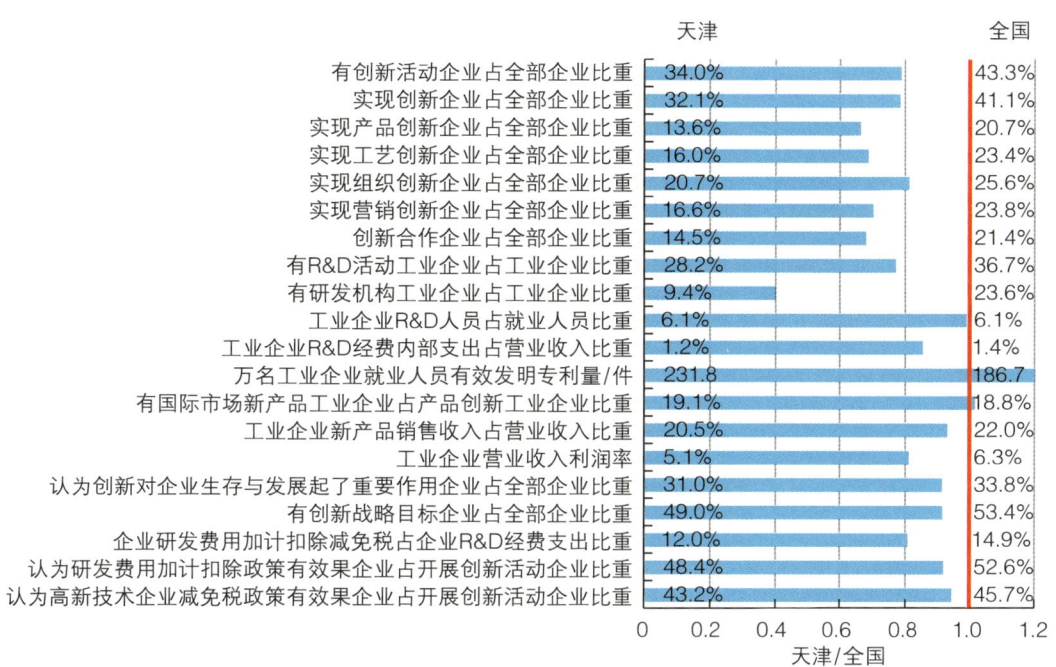

图5-3 天津企业创新能力：与全国对比

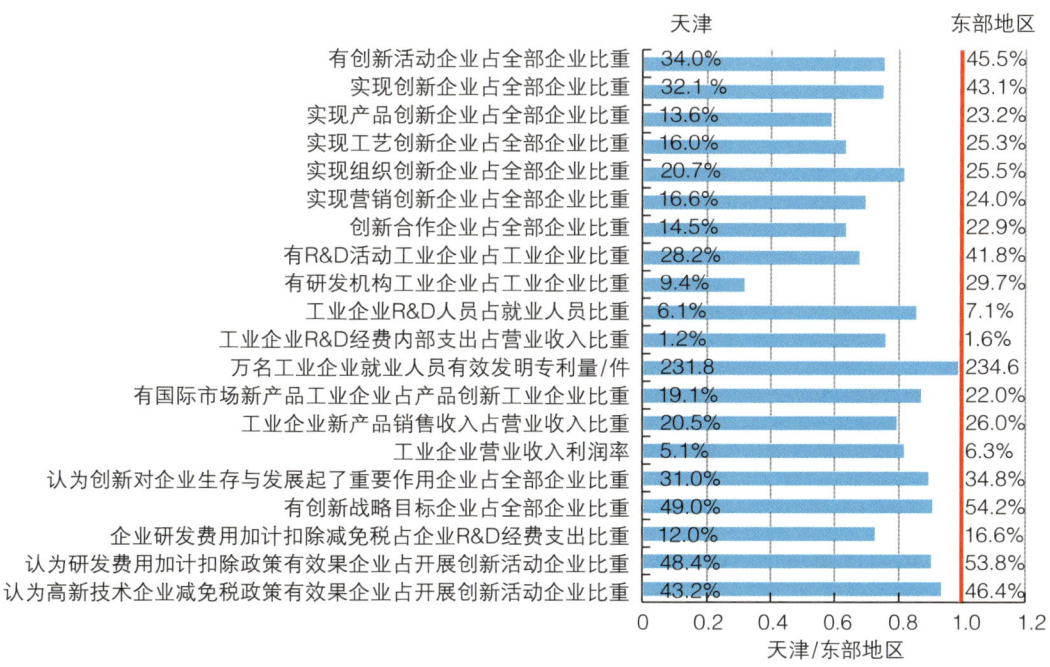

图5-4 天津企业创新能力：与东部地区对比

3. 河北

河北有 1 个指标高于全国平均水平，认为创新对企业生存与发展起了重要作用企业占全部企业比重与全国平均水平相当，为全国平均水平的 100.8%；万名工业企业就业人员有效发明专利量、有 R&D 活动工业企业占工业企业比重和企业研发费用加计扣除减免税占企业 R&D 经费支出比重比较薄弱，分别仅为全国平均水平的 55.4%、60.0% 和 65.2%（图 5-5）。

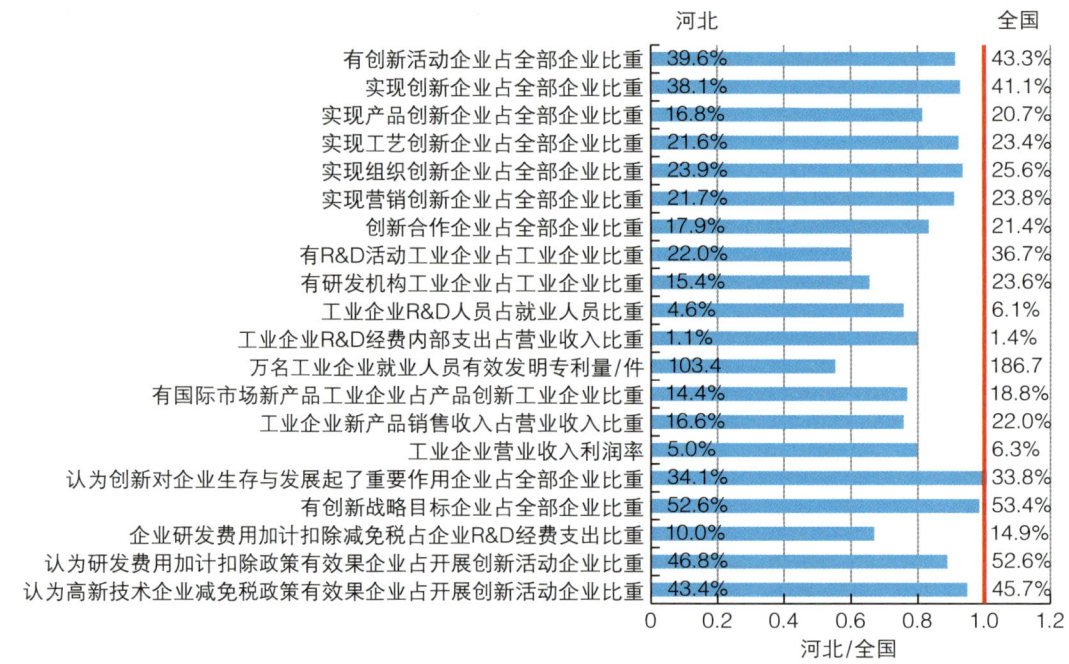

图 5-5　河北企业创新能力：与全国对比

河北所有指标均低于东部地区平均水平，认为创新对企业生存与发展起了重要作用企业占全部企业比重、有创新战略目标企业占全部企业比重、实现组织创新企业占全部企业比重表现相对较好；而万名工业企业就业人员有效发明专利量和有研发机构工业企业占工业企业比重落后较多，分别仅为地区平均水平的 44.1% 和 51.9%（图 5-6）。

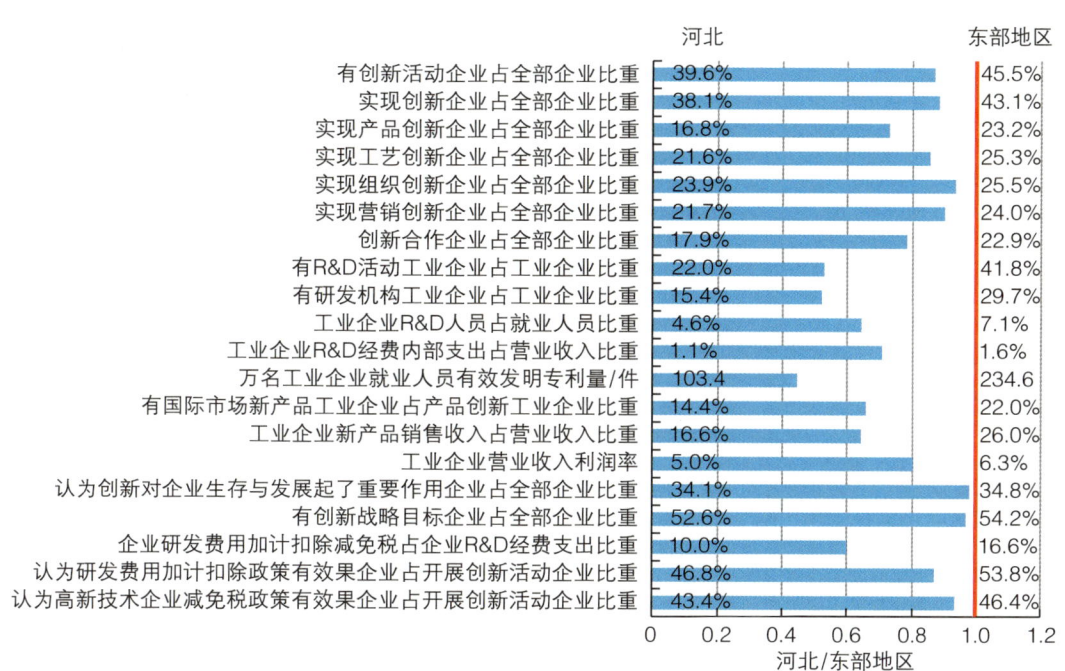

图5-6 河北企业创新能力：与东部地区对比

4. 山西

山西所有指标均低于全国平均水平，有企业研发费用加计扣除减免税占企业R&D经费支出比重、有创新战略目标企业占全部企业比重和认为创新对企业生存与发展起了重要作用企业占全部企业比重表现相对较好；万名工业企业就业人员有效发明专利量、有R&D活动工业企业占工业企业比重和工业企业R&D人员占就业人员比重表现欠佳，分别仅占全国平均水平的28.5%、42.5%和44.8%（图5-7）。

山西有2个指标高于中部地区平均水平，企业研发费用加计扣除减免税占企业R&D经费支出比重、有研发机构工业企业占工业企业比重表现相对较好，分别达到地区平均水平的118.3%和106.5%；万名工业企业就业人员有效发明专利量表现相对不足，仅为地区平均水平的41.8%（图5-8）。

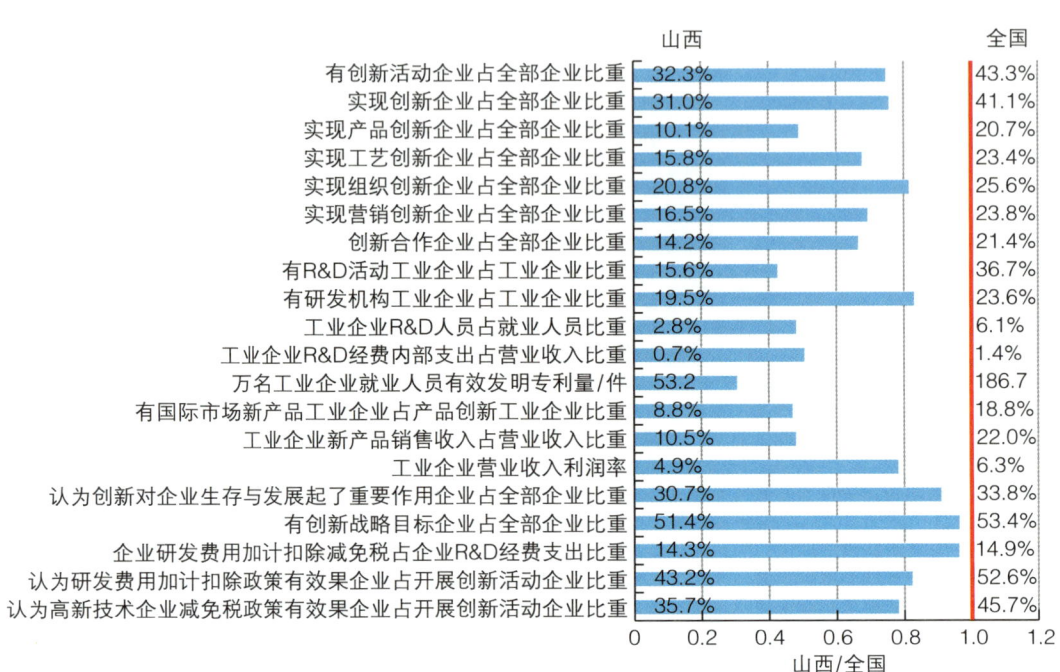

图5-7 山西企业创新能力：与全国对比

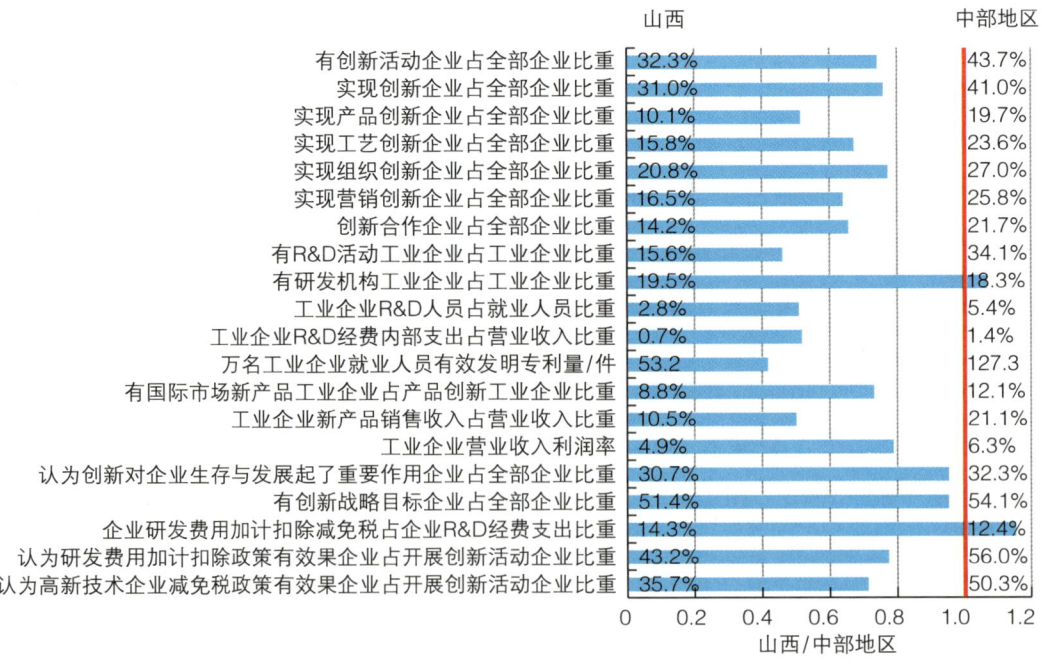

图5-8 山西企业创新能力：与中部地区对比

5. 内蒙古

内蒙古有1个指标高于全国平均水平，工业企业营业收入利润率达到全国平均水平的119.0%；有研发机构工业企业占工业企业比重和实现产品创新企业占全部企业比重落后较多，分别仅占全国平均水平的15.9%和30.2%（图5-9）。

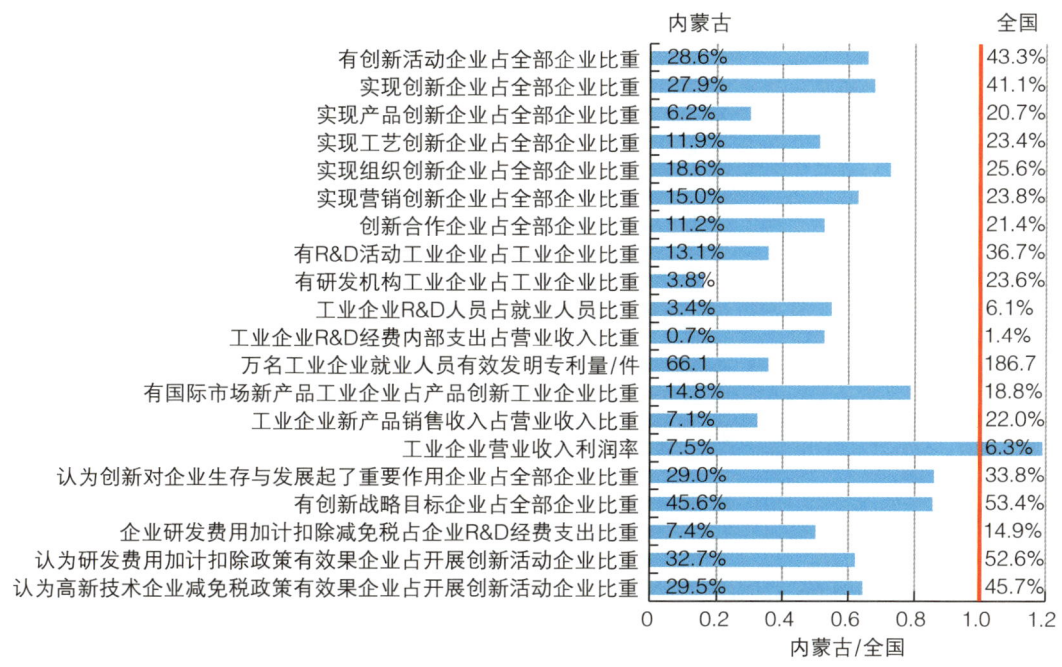

图5-9　内蒙古企业创新能力：与全国对比

内蒙古有2个指标高于西部地区平均水平，有国际市场新产品工业企业占产品创新工业企业比重和工业企业营业收入利润率表现突出，分别达到地区平均水平的143.5%和105.8%；有研发机构工业企业占工业企业比重表现不佳，仅占地区平均水平的35.3%（图5-10）。

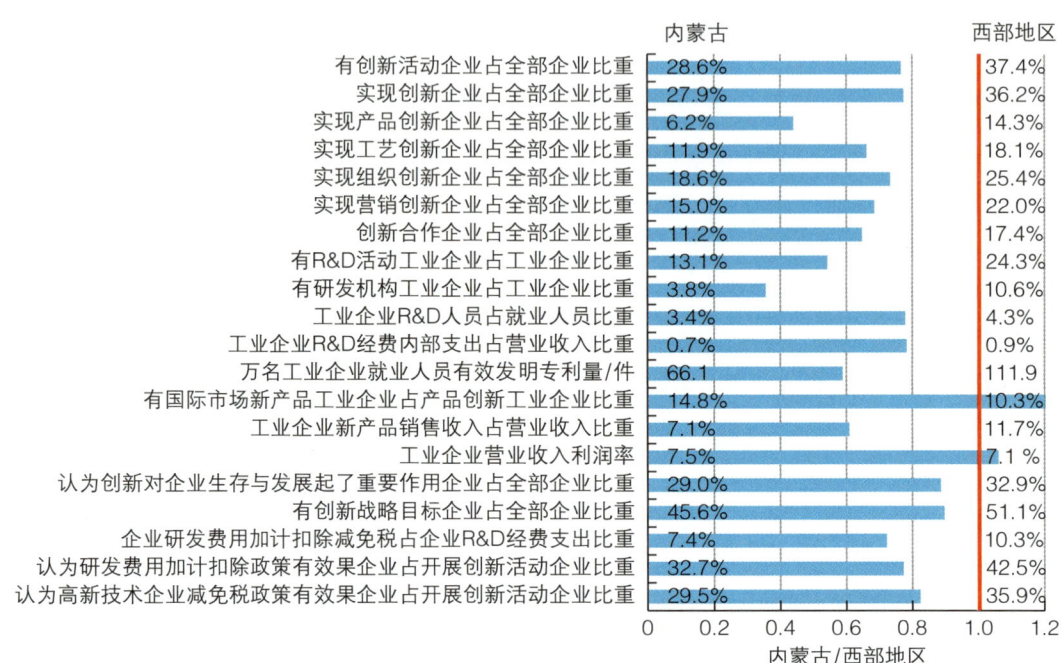

图5-10　内蒙古企业创新能力：与西部地区对比

6. 辽宁

辽宁有3个指标高于全国平均水平，认为高新技术企业减免税政策有效果企业占开展创新活动企业比重、有国际市场新产品工业企业占产品创新工业企业比重、认为研发费用加计扣除政策有效果企业占开展创新活动企业比重表现较好，分别达到全国平均水平的107.5%、107.2%和103.2%；有研发机构工业企业占工业企业比重明显不足，仅为全国平均水平的28.2%（图5-11）。

辽宁有16个指标高于东北地区平均水平，有R&D活动工业企业占工业企业比重、有国际市场新产品工业企业占产品创新工业企业比重和工业企业R&D人员占就业人员比重表现突出，分别达到地区平均水平的130.3%、128.0%和122.4%；企业研发费用加计扣除减免税占企业R&D经费支出比重略显不足，为地区平均水平的85.0%（图5-12）。

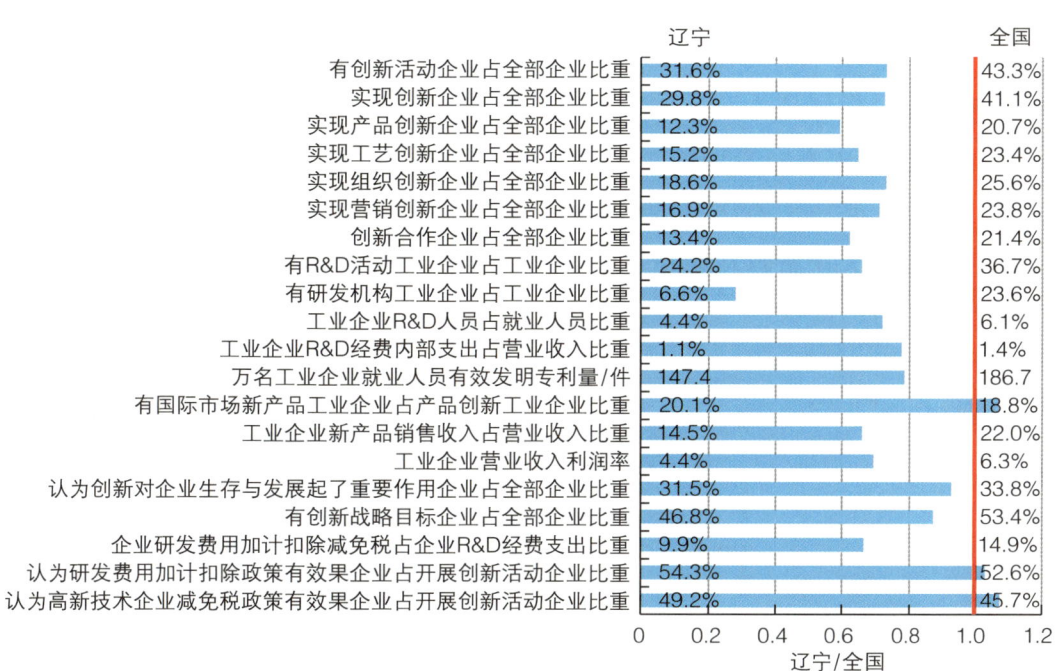

图5-11 辽宁企业创新能力：与全国对比

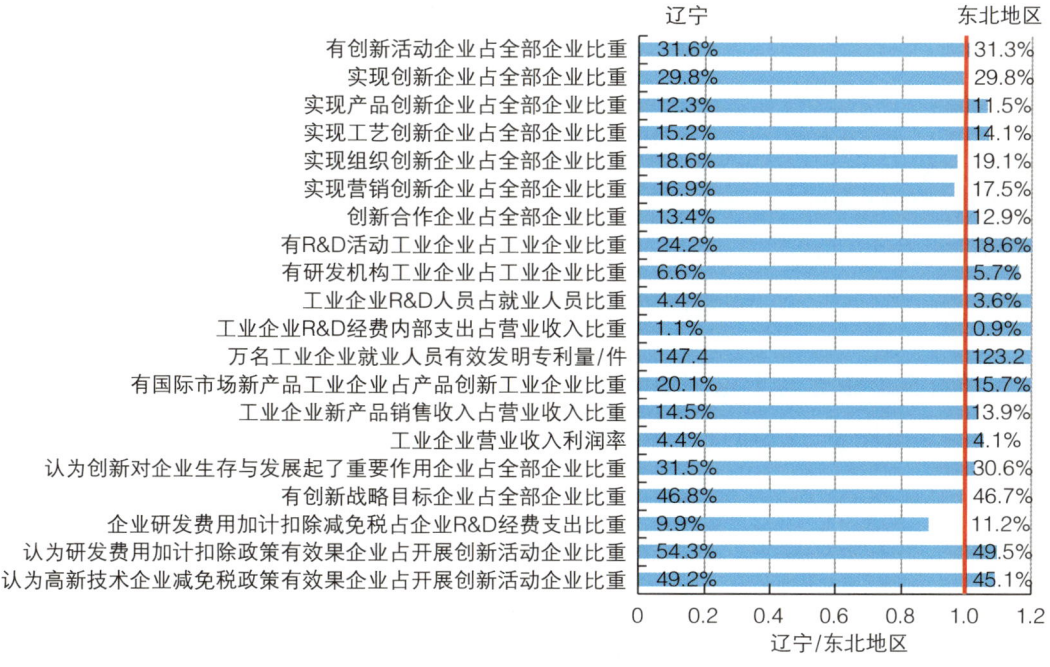

图5-12 辽宁企业创新能力：与东北地区对比

7. 吉林

吉林有1个指标高于全国平均水平，在企业研发费用加计扣除减免税占企业R&D经费支出比重方面表现较好，为全国平均水平的110.2%；有研发机构工业企业占工业企业比重、有R&D活动工业企业占工业企业比重和工业企业R&D经费内部支出占营业收入比重存在明显不足，分别仅为全国平均水平的20.9%、31.7%和41.7%（图5-13）。

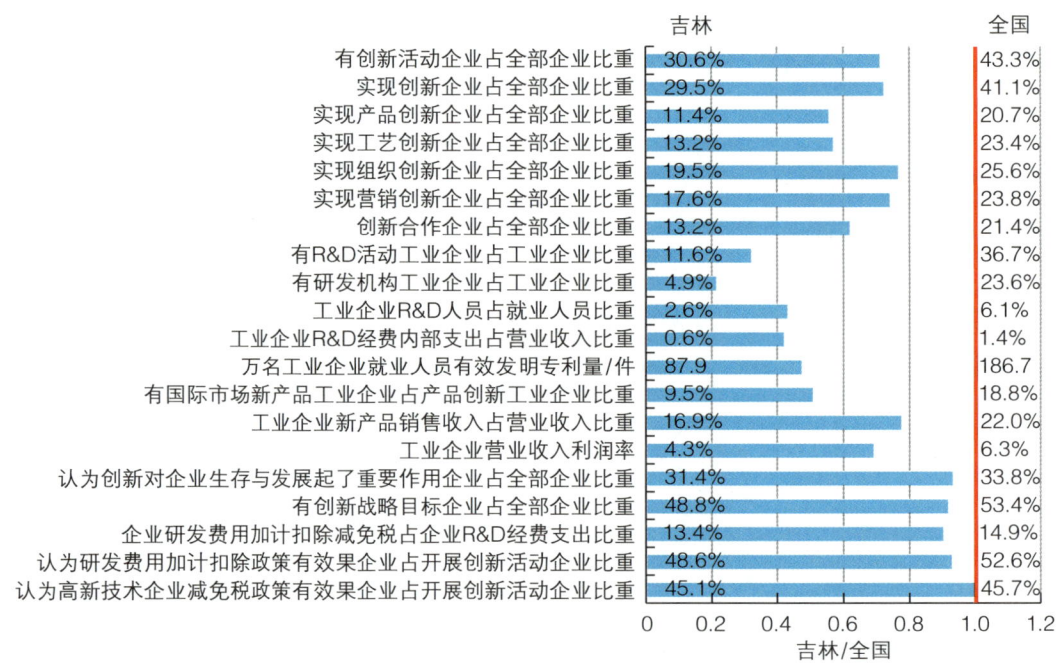

图5-13 吉林企业创新能力：与全国对比

吉林有9个指标高于东北地区平均水平，企业研发费用加计扣除减免税占企业R&D经费支出比重、工业企业新产品销售收入占营业收入比重和工业企业营业收入利润率具有比较优势，分别达到地区平均水平的143.5%、121.4%和104.8%；有国际市场新产品工业企业占产品创新工业企业比重、有R&D活动工业企业占工业企业比重和工业企业R&D经费内部支出占营业收入比重仍有待提高，分别为地区平均水平的60.1%、62.7%和64.4%（图5-14）。

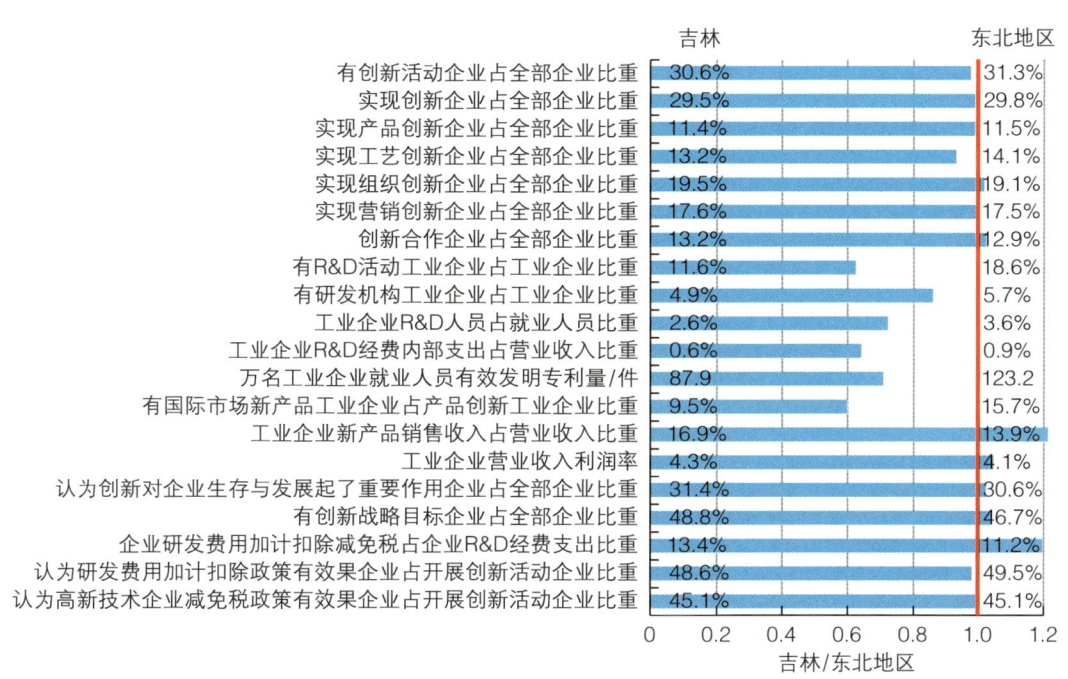

图5-14　吉林企业创新能力：与东北地区对比

8. 黑龙江

黑龙江所有指标均低于全国平均水平，企业研发费用加计扣除减免税占企业R&D经费支出比重表现相对较好，达到了全国平均水平的93.0%；但有研发机构工业企业占工业企业比重、有R&D活动工业企业占工业企业比重和工业企业新产品销售收入占营业收入比重明显不足，分别仅为全国平均水平的18.9%、34.5%和37.7%（图5-15）。

黑龙江有4个指标高于东北地区平均水平，企业研发费用加计扣除减免税占企业R&D经费支出比重、实现营销创新企业占全部企业比重、实现组织创新企业占全部企业比重表现突出，分别为地区平均水平的121.1%、107.3%和103.9%；有国际市场新产品工业企业占产品创新工业企业比重和工业企业新产品销售收入占营业收入比重还有待提升，分别为地区平均水平的53.4%和59.5%（图5-16）。

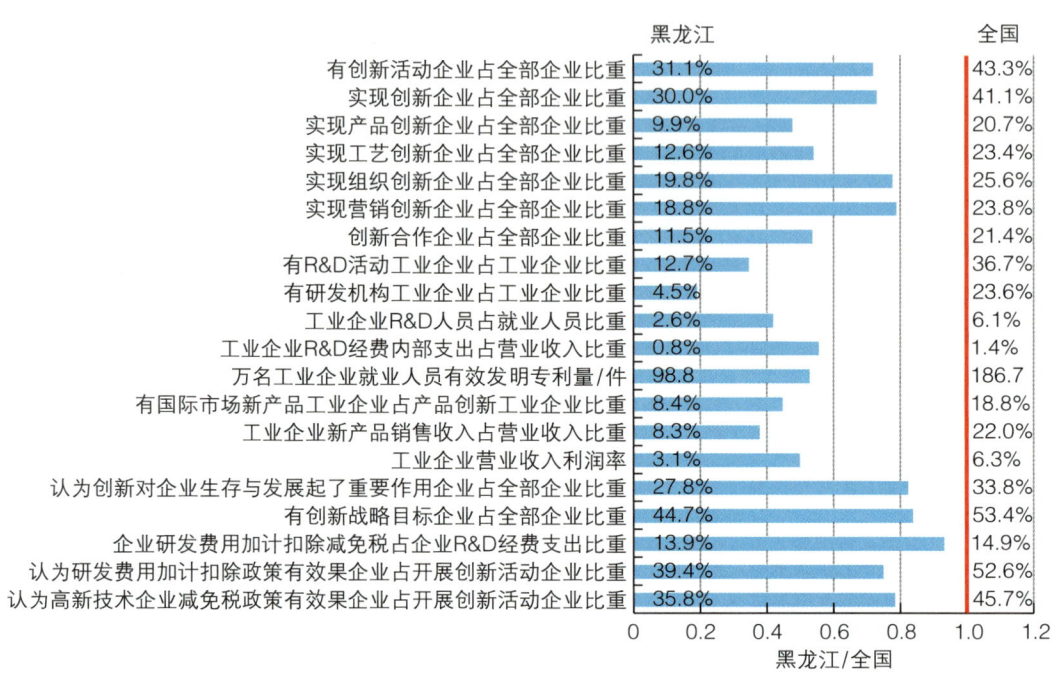

图5-15 黑龙江企业创新能力：与全国对比

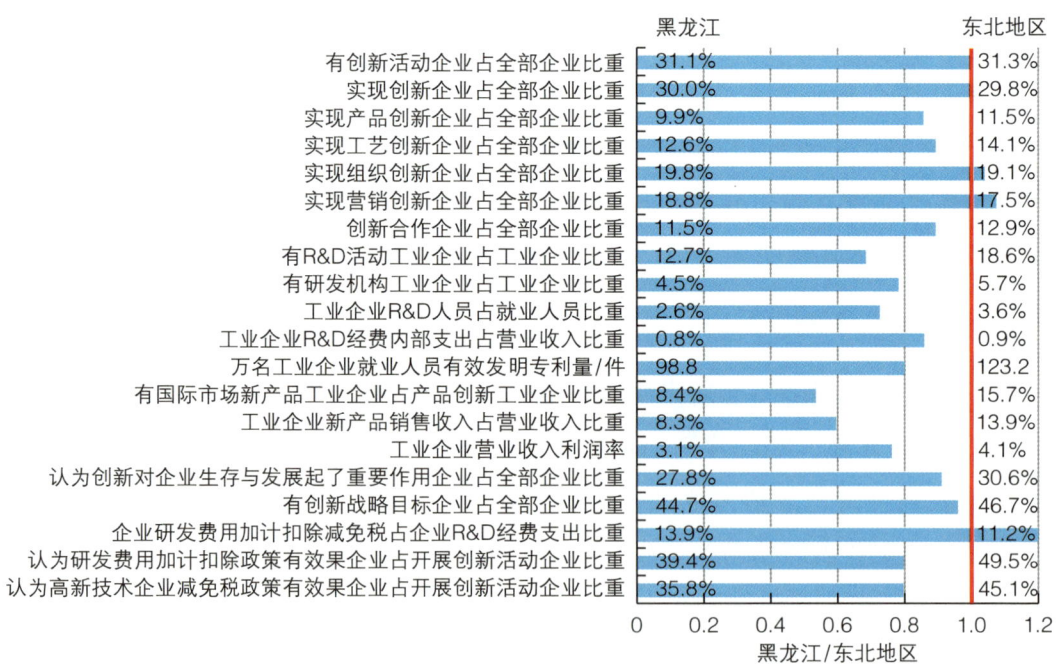

图5-16 黑龙江企业创新能力：与东北地区对比

9. 上海

上海有 9 个指标高于全国平均水平，企业研发费用加计扣除减免税占企业 R&D 经费支出比重、万名工业企业就业人员有效发明专利量和有国际市场新产品工业企业占产品创新工业企业比重优势明显，分别达到全国平均水平的 231.2%、181.2% 和 135.3%；有研发机构工业企业占工业企业比重相对落后，仅为全国平均水平的 35.8%（图 5-17）。

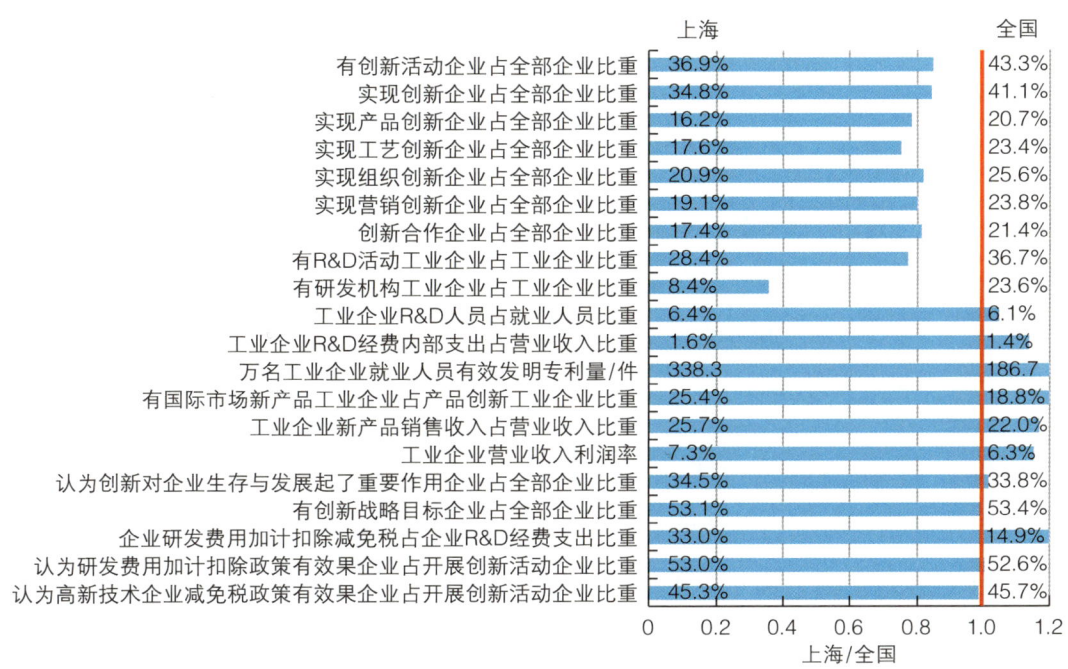

图 5-17　上海企业创新能力：与全国对比

上海有 5 个指标高于东部地区平均水平，企业研发费用加计扣除减免税占企业 R&D 经费支出比重、万名工业企业就业人员有效发明专利量、工业企业营业收入利润率表现突出，分别为地区平均水平的 206.2%、144.2% 和 115.9%；有研发机构工业企业占工业企业比重落后较多，仅为地区平均水平的 28.4%（图 5-18）。

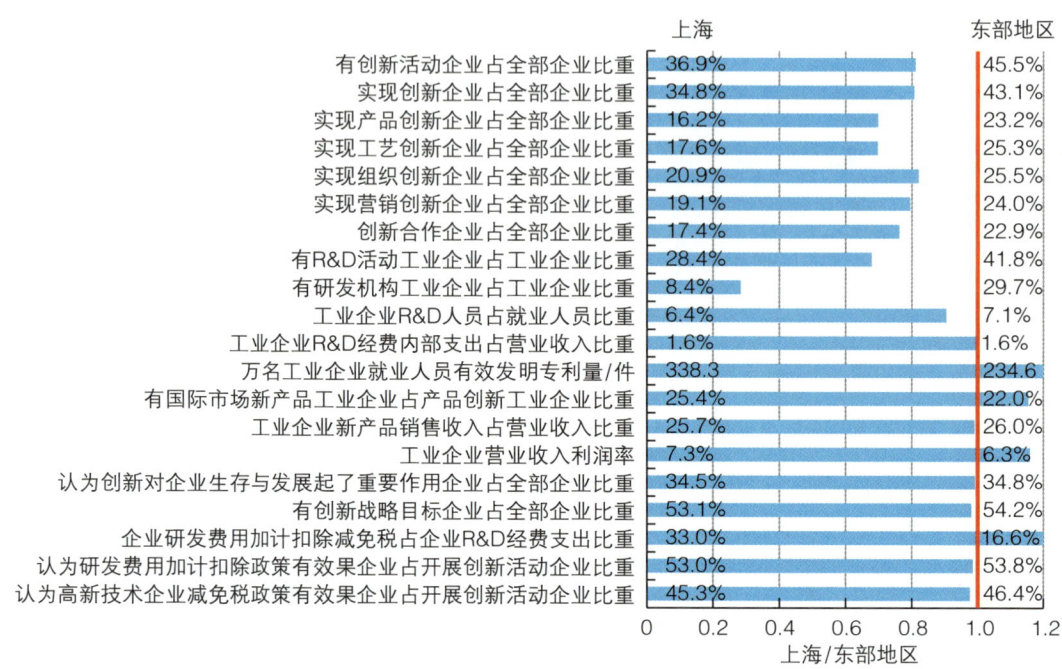

图5-18 上海企业创新能力：与东部地区对比

10. 江苏

江苏有18个指标高于全国平均水平，有研发机构工业企业占工业企业比重、工业企业新产品销售收入占营业收入比重和有R&D活动工业企业占工业企业比重优势明显，分别达到全国平均水平的149.1%、143.2%和142.0%；企业研发费用加计扣除减免税占企业R&D经费支出比重和工业企业营业收入利润率还有一定提升空间，分别为全国平均水平的63.6%和96.3%（图5-19）。

江苏有14个指标高于东部地区平均水平，有R&D活动工业企业占工业企业比重、工业企业新产品销售收入占营业收入比重和工业企业R&D经费内部支出占营业收入比重优势明显，分别达到地区平均水平的124.7%、121.3%和119.0%；企业研发费用加计扣除减免税占企业R&D经费支出比重表现不佳，为地区平均水平的56.7%（图5-20）。

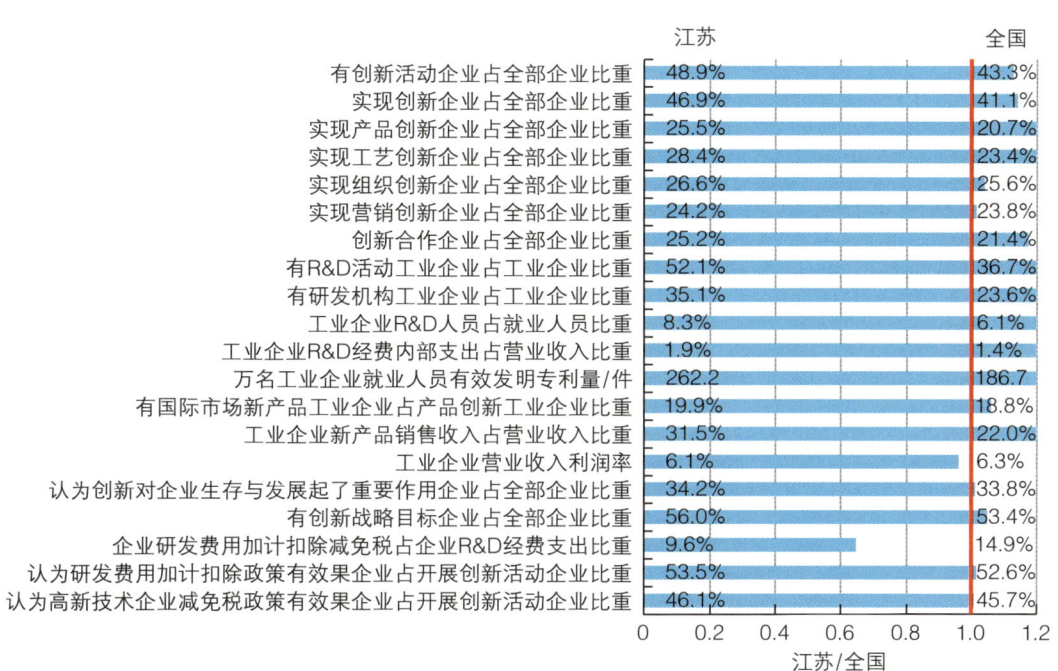

图5-19 江苏企业创新能力：与全国对比

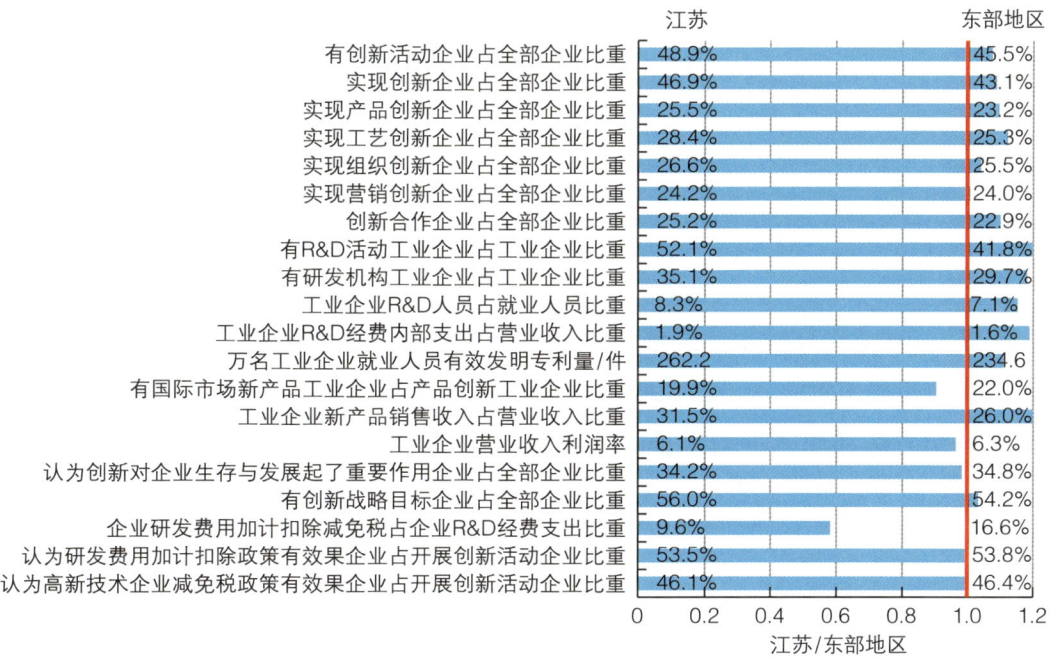

图5-20 江苏企业创新能力：与东部地区对比

第五章 区域企业创新能力比较

11. 浙江

浙江有 17 个指标高于全国平均水平，工业企业新产品销售收入占营业收入比重、实现产品创新企业占全部企业比重和有研发机构工业企业占工业企业比重表现突出，分别达到全国平均水平的 163.8%、155.8% 和 153.5%；万名工业企业就业人员有效发明专利量稍显不足，为全国平均水平的 73.0%（图 5-21）。

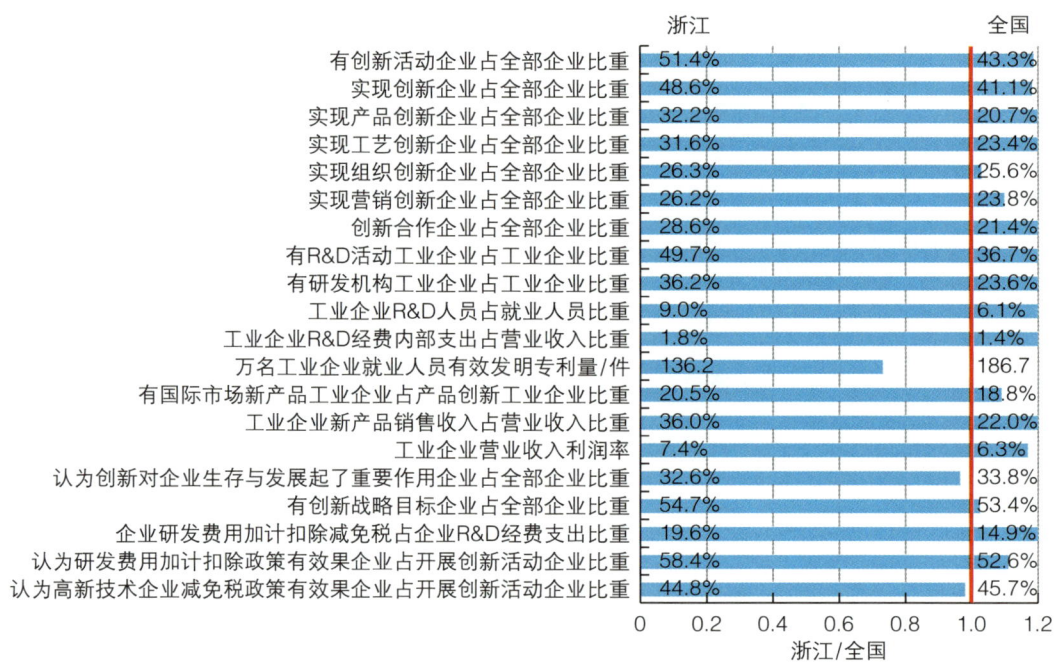

图 5-21　浙江企业创新能力：与全国对比

浙江有 16 个指标高于东部地区平均水平，实现产品创新企业占全部企业比重、工业企业新产品销售收入占营业收入比重和工业企业 R&D 人员占就业人员比重优势明显，分别为东部地区平均水平的 138.7%、138.7% 和 126.7%；万名工业企业就业人员有效发明专利量相对落后，为地区平均水平的 58.1%（图 5-22）。

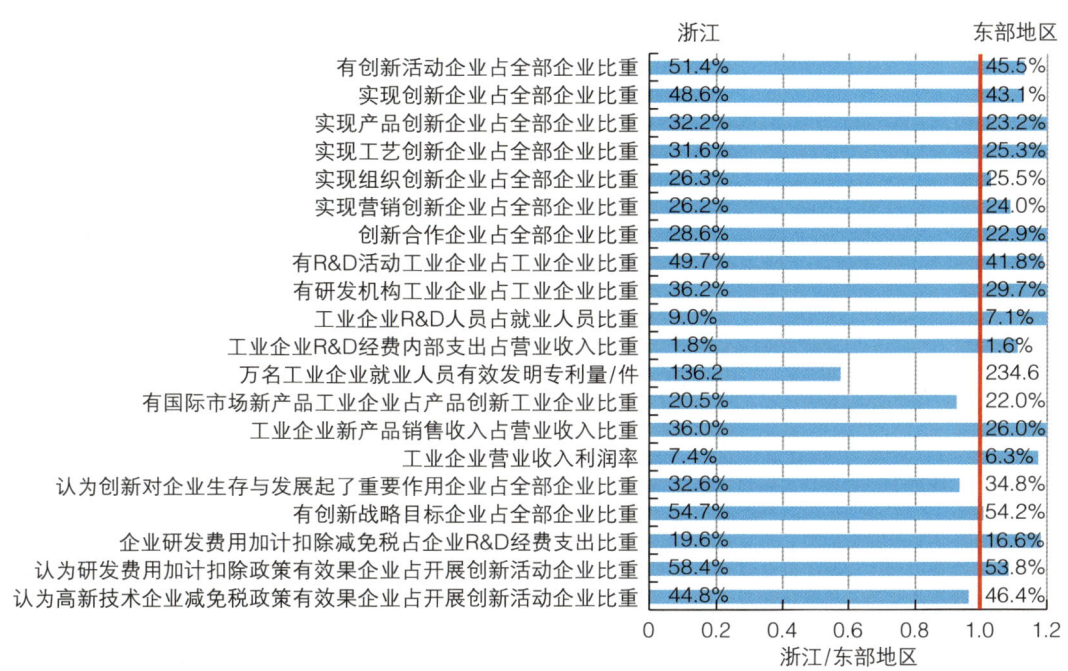

图5-22 浙江企业创新能力：与东部地区对比

12. 安徽

安徽有18个指标高于全国平均水平，工业企业新产品销售收入占营业收入比重、万名工业企业就业人员有效发明专利量和实现营销创新企业占全部企业比重优势明显，分别为全国平均水平的142.3%、133.5%和129.1%；有国际市场新产品工业企业占产品创新工业企业比重略有不足，为全国平均水平的80.2%（图5-23）。

安徽所有指标均高于中部地区平均水平，具有引领中部地区创新的实力。万名工业企业就业人员有效发明专利量、有研发机构工业企业占工业企业比重、工业企业新产品销售收入占营业收入比重表现突出，分别达到地区平均水平的195.7%、165.6%和148.5%（图5-24）。

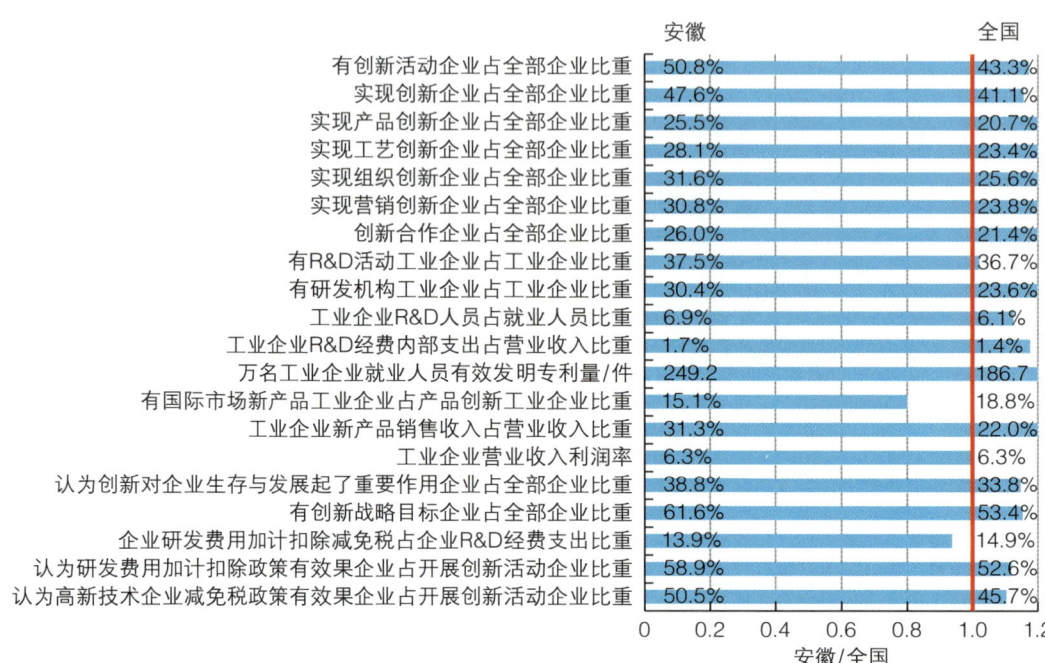

图5-23 安徽企业创新能力：与全国对比

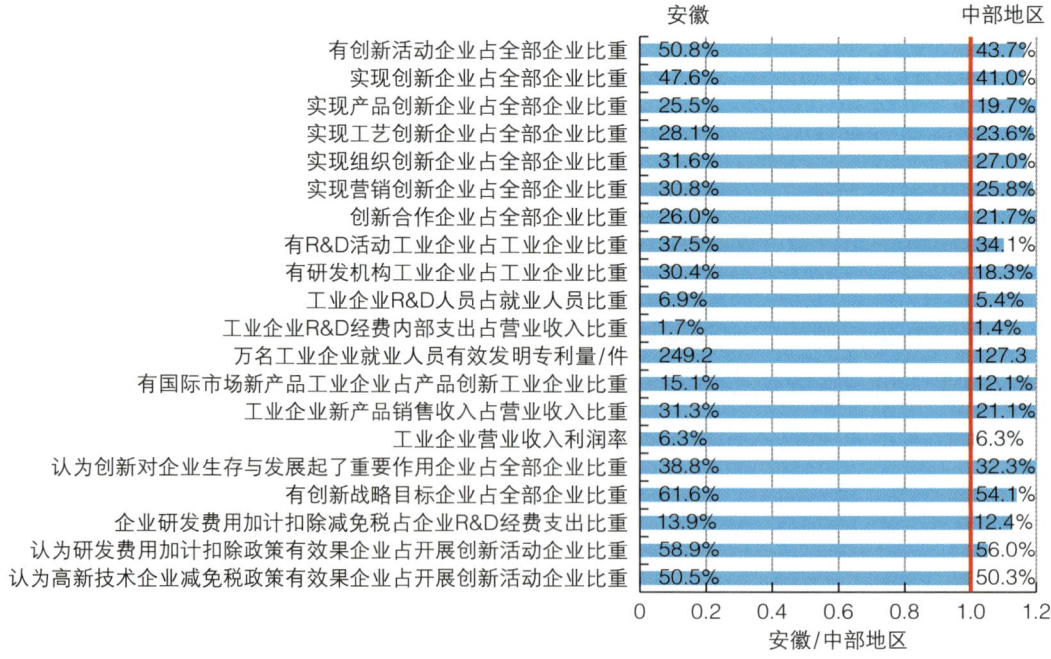

图5-24 安徽企业创新能力：与中部地区对比

13. 福建

福建有 2 个指标高于全国平均水平，有国际市场新产品工业企业占产品创新工业企业比重和工业企业营业收入利润率优势较为明显，分别为全国平均水平的 113.5% 和 113.1%；企业研发费用加计扣除减免税占企业 R&D 经费支出比重、有研发机构工业企业占工业企业比重表现不佳，分别仅为全国平均水平的 41.9% 和 44.4%（图 5-25）。

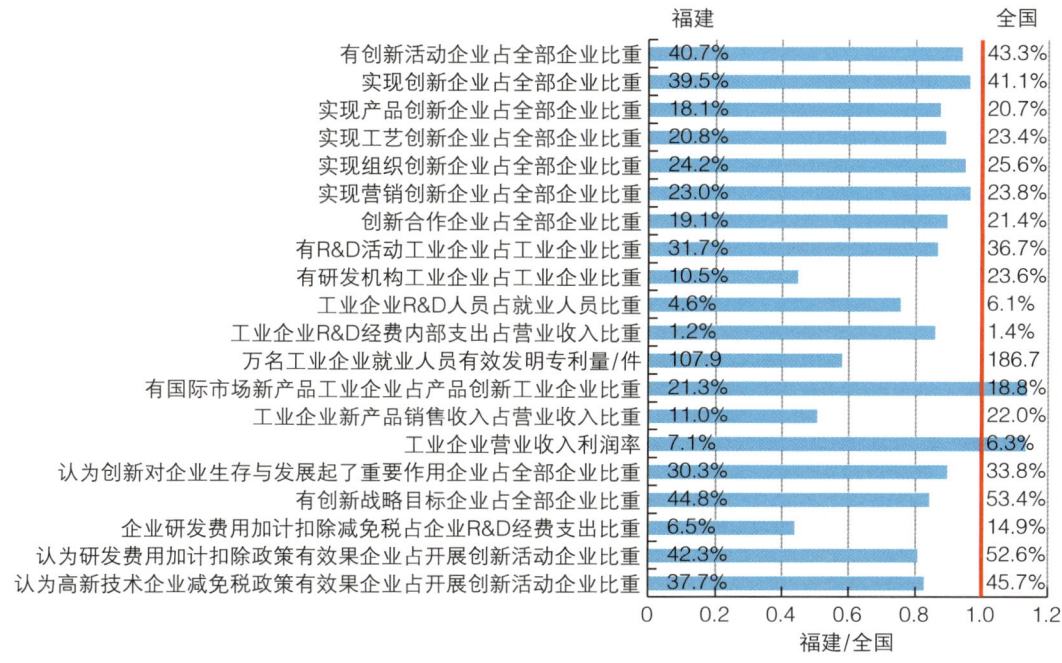

图 5-25 福建企业创新能力：与全国对比

福建有 1 个指标高于东部地区平均水平，工业企业营业收入利润率优势明显，为地区平均水平的 113.5%；有研发机构工业企业占工业企业比重和企业研发费用加计扣除减免税占企业 R&D 经费支出比重落后较明显，分别仅为地区平均水平的 35.2% 和 37.3%（图 5-26）。

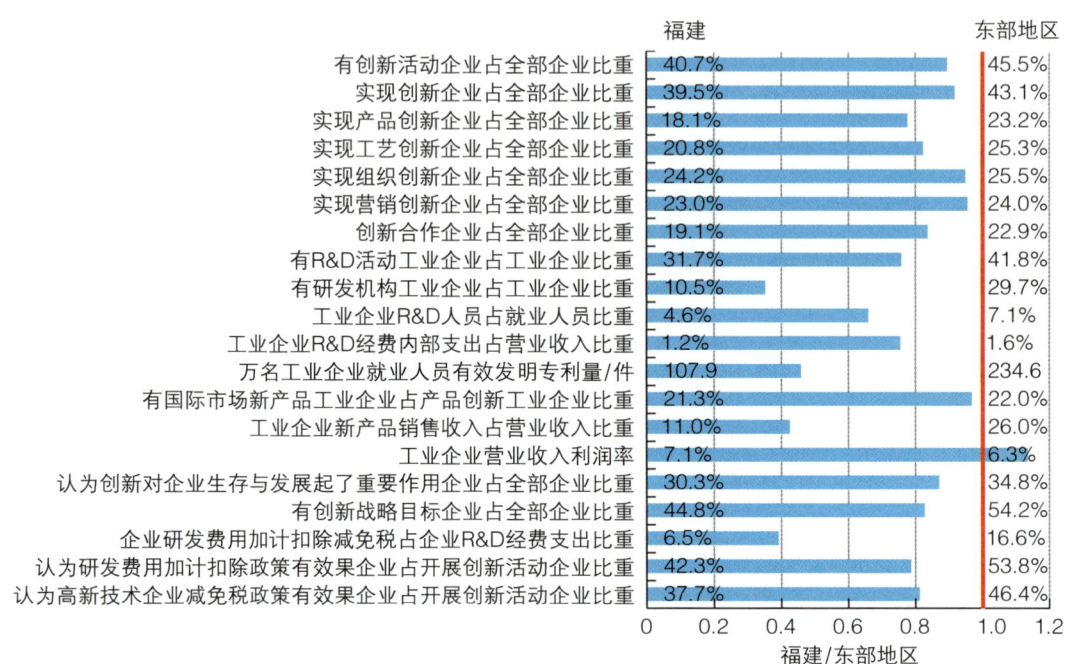

图5-26　福建企业创新能力：与东部地区对比

14. 江西

江西有10个指标高于全国平均水平，实现产品创新企业占全部企业比重、认为高新技术企业减免税政策有效果企业占开展创新活动企业比重、有研发机构工业企业占工业企业比重优势较为明显，分别达到全国平均水平的124.0%、121.3%和121.1%；万名工业企业就业人员有效发明专利量较为不足，仅为全国平均水平的42.1%（图5-27）。

江西有12个指标高于中部地区平均水平，有研发机构工业企业占工业企业比重、实现产品创新企业占全部企业比重和企业研发费用加计扣除减免税占企业R&D经费支出比重优势较为明显，分别为地区平均水平的155.6%、130.3%和116.9%；万名工业企业就业人员有效发明专利量和工业企业R&D经费内部支出占营业收入比重相对落后，为地区平均水平的61.7%和69.0%（图5-28）。

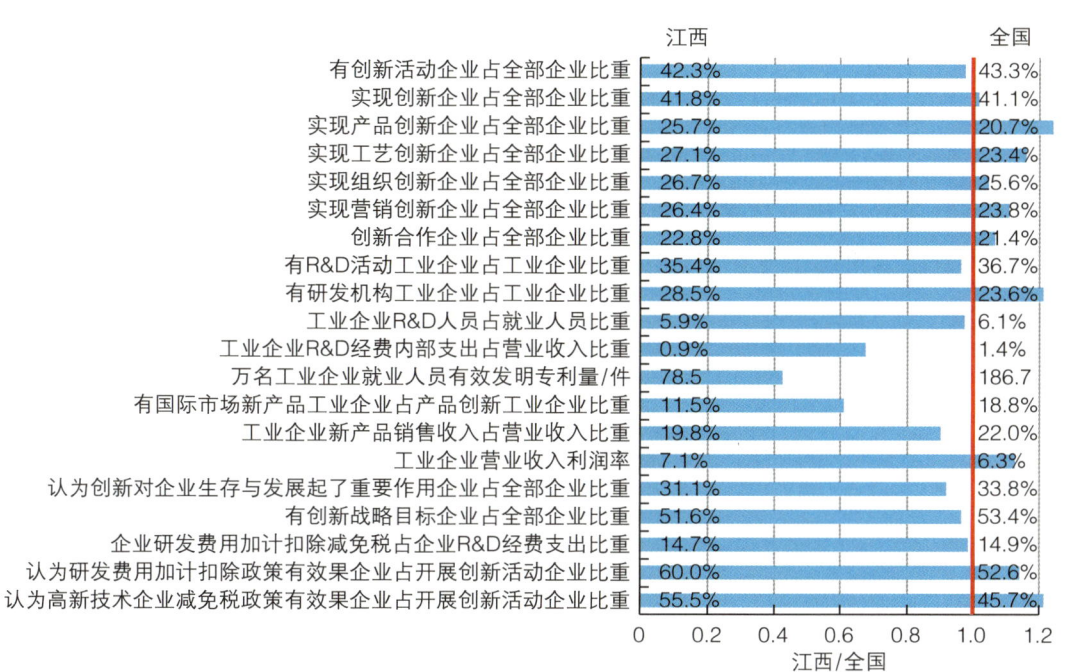

图5-27 江西企业创新能力：与全国对比

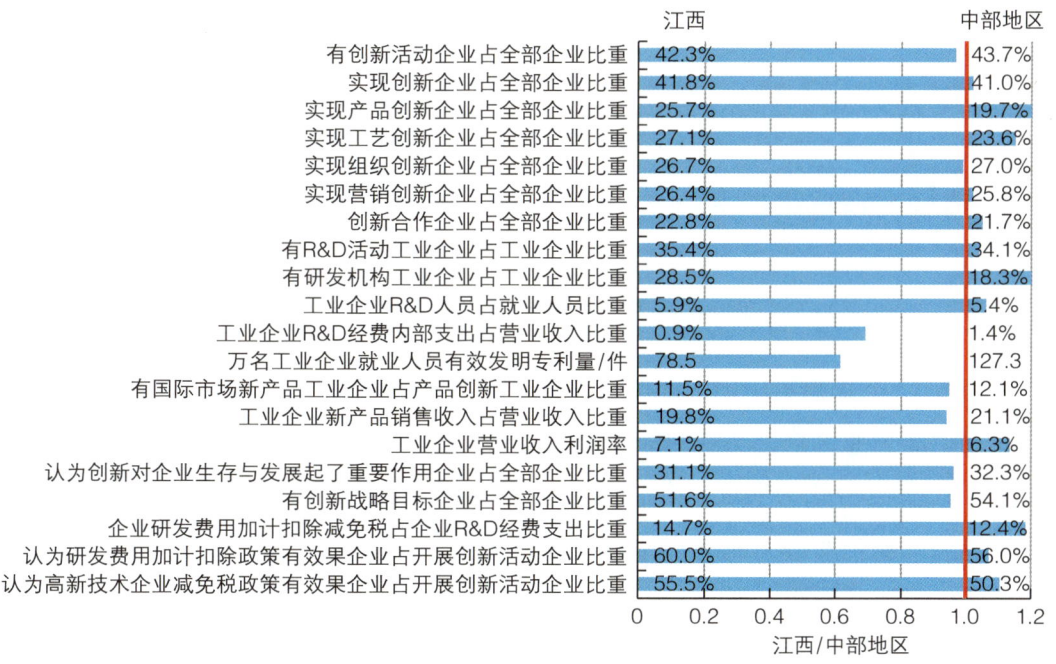

图5-28 江西企业创新能力：与中部地区对比

15. 山东

山东有 11 个指标高于全国平均水平，认为创新对企业生存与发展起了重要作用企业占全部企业比重、工业企业 R&D 人员占就业人员比重和工业企业 R&D 经费内部支出占营业收入比重优势较为明显，分别为全国平均水平的 112.5%、111.2% 和 111.2%；有研发机构工业企业占工业企业比重相对落后，仅为全国平均水平的 56.8%（图 5-29）。

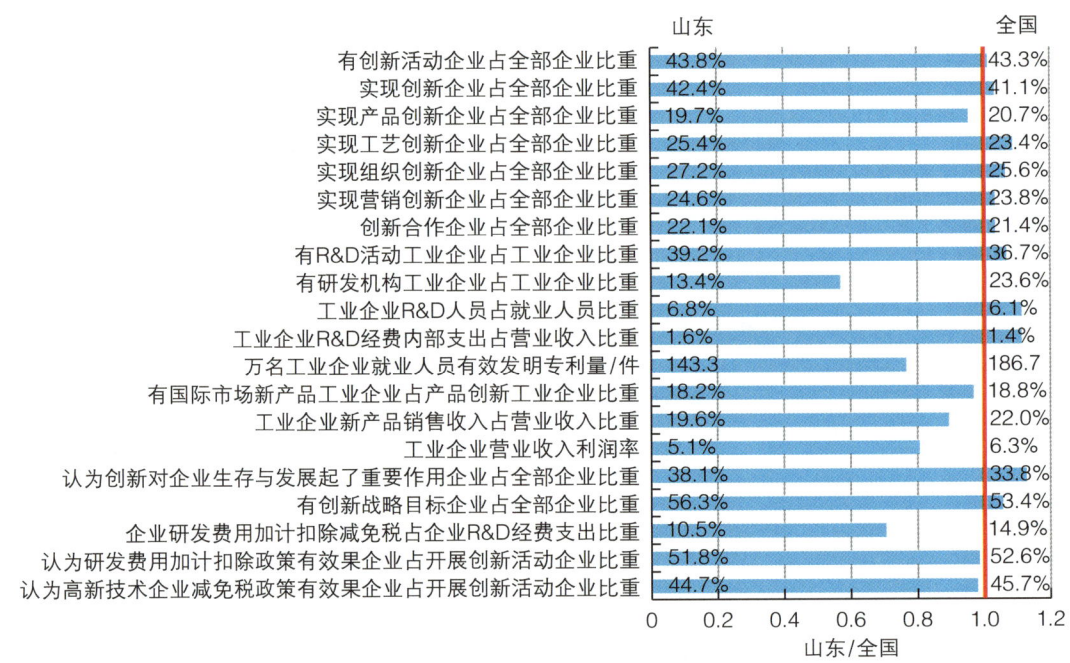

图5-29　山东企业创新能力：与全国对比

山东有 5 个指标高于东部地区平均水平，认为创新对企业生存与发展起了重要作用企业占全部企业比重、实现组织创新企业占全部企业比重、有创新战略目标企业占全部企业比重优势较为明显，分别为地区平均水平的 109.5%、106.5% 和 103.9%；有研发机构工业企业占工业企业比重和万名工业企业就业人员有效发明专利量落后较多，分别仅为地区平均水平的 45.0% 和 61.1%（图 5-30）。

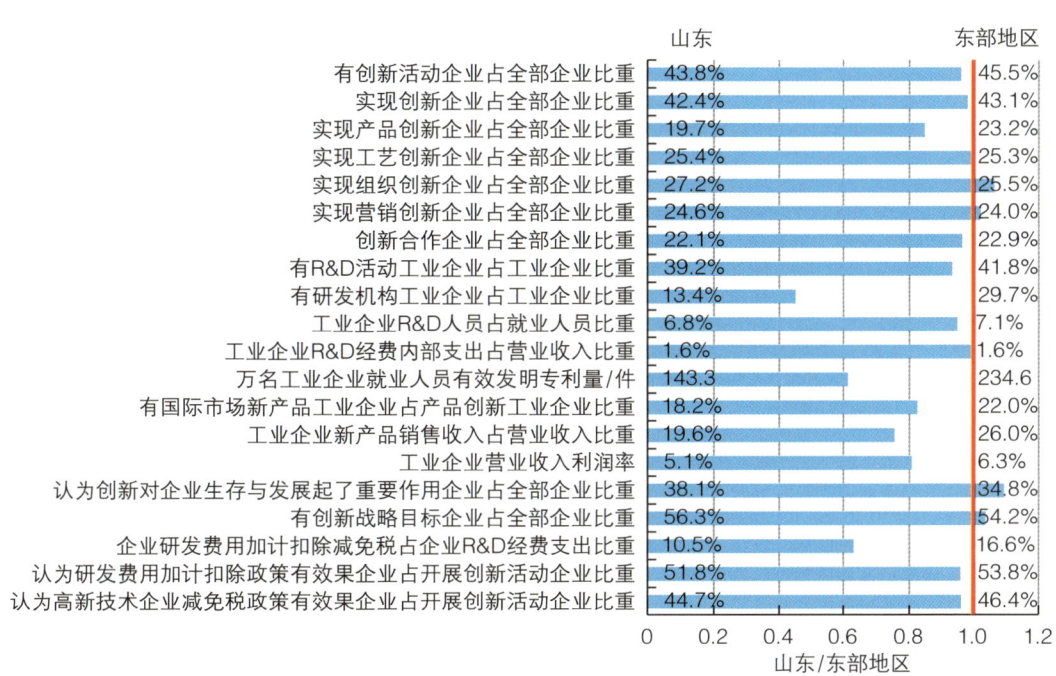

图5-30 山东企业创新能力：与东部地区对比

16. 河南

河南有 2 个指标高于全国平均水平，实现营销创新企业占全部企业比重和工业企业 R&D 经费内部支出占营业收入比重与全国平均水平基本持平，分别为全国平均水平的 101.7% 和 100.1%；有研发机构工业企业占工业企业比重、万名工业企业就业人员有效发明专利量存在较大不足，分别仅为全国平均水平的 36.7% 和 42.0%（图 5-31）。

河南的工业企业 R&D 经费内部支出占营业收入比重高于中部地区平均水平，为地区平均水平的 102.5%；有研发机构工业企业占工业企业比重相对落后，仅为地区平均水平的 47.2%（图 5-32）。

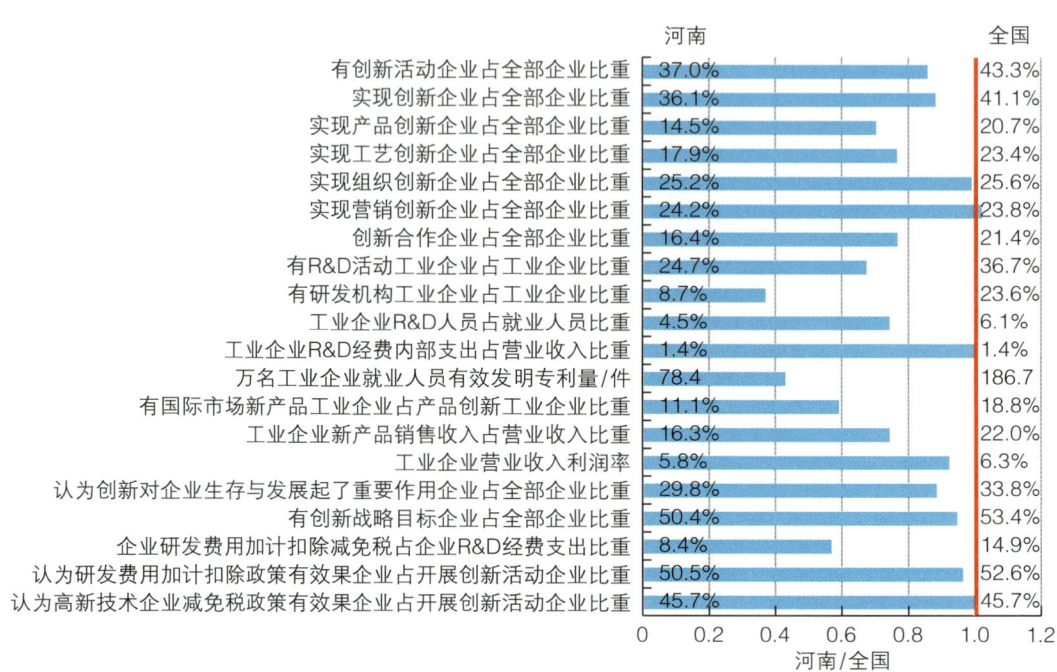

图5-31 河南企业创新能力：与全国对比

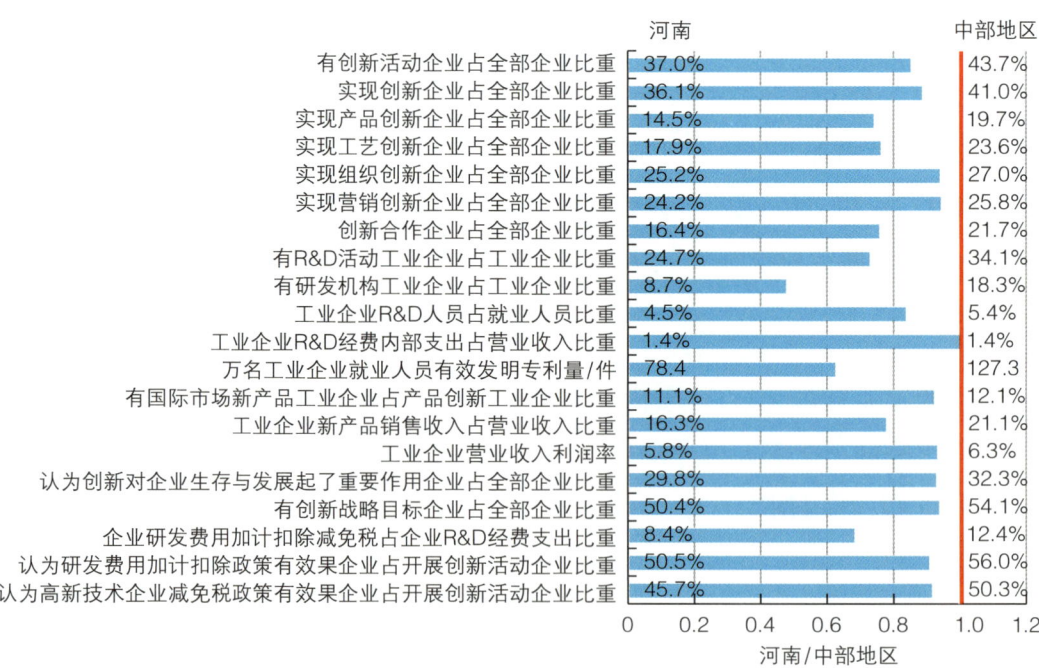

图5-32 河南企业创新能力：与中部地区对比

17. 湖北

湖北有 14 个指标高于全国平均水平，创新合作企业占全部企业比重、认为高新技术企业减免税政策有效果企业占开展创新活动企业比重和工业企业 R&D 人员占就业人员比重优势较明显，分别达到全国平均水平的 110.3%、109.8% 和 109.0%；有国际市场新产品工业企业占产品创新工业企业比重、有研发机构工业企业占工业企业比重有待提高，分别为全国平均水平的 56.0% 和 72.8%（图 5-33）。

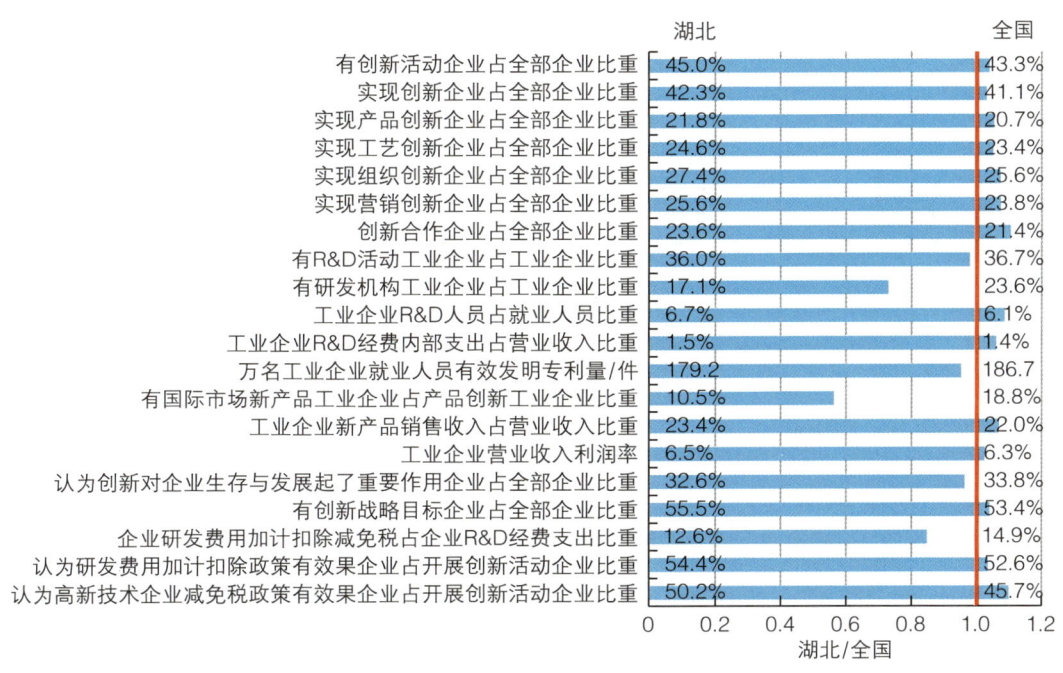

图 5-33 湖北企业创新能力：与全国对比

湖北有 15 个指标高于中部地区平均水平，万名工业企业就业人员有效发明专利量、工业企业 R&D 人员占就业人员比重和工业企业新产品销售收入占营业收入比重优势较为明显，分别达到地区平均水平的 140.7%、124.0% 和 111.4%；有国际市场新产品工业企业占产品创新工业企业比重略显不足，为地区平均水平的 87.2%（图 5-34）。

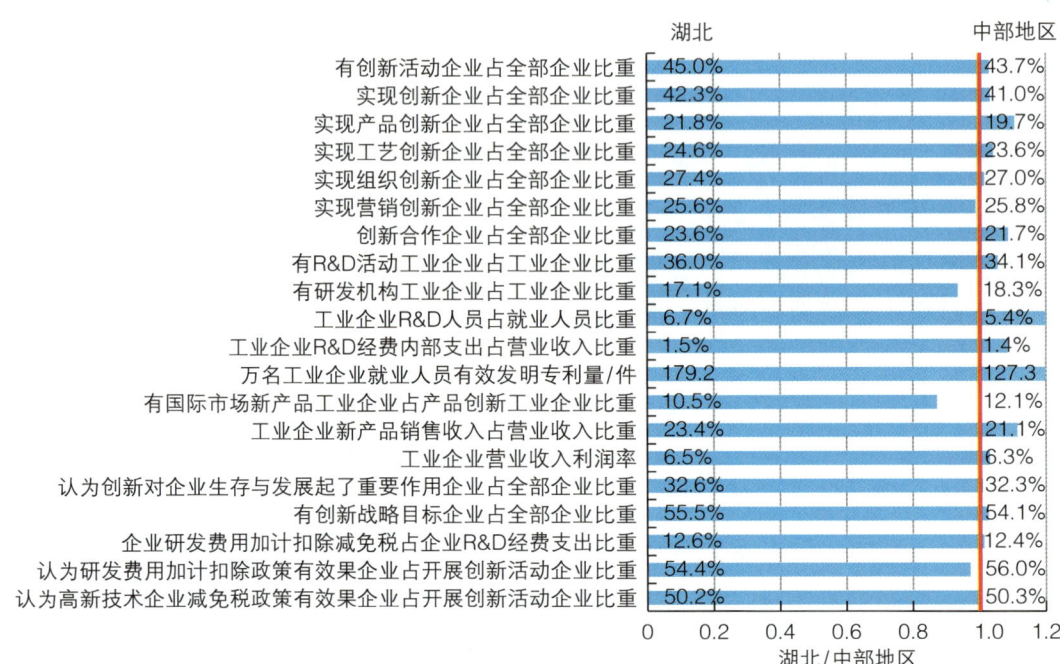

图5-34 湖北企业创新能力：与中部地区对比

18. 湖南

湖南有11个指标高于全国平均水平，工业企业R&D经费内部支出占营业收入比重、认为高新技术企业减免税政策有效果企业占开展创新活动企业比重、有R&D活动工业企业占工业企业比重优势明显，分别为全国平均水平的121.2%、120.4%和119.0%；有研发机构工业企业占工业企业比重存在明显不足，为全国平均水平的39.6%（图5-35）。

湖南有13个指标高于中部地区平均水平，有R&D活动工业企业占工业企业比重、工业企业R&D经费内部支出占营业收入比重、创新合作企业占全部企业比重表现突出，分别达到地区平均水平的128.2%、124.1%和112.8%；有研发机构工业企业占工业企业比重有待提升，为地区平均水平的50.9%（图5-36）。

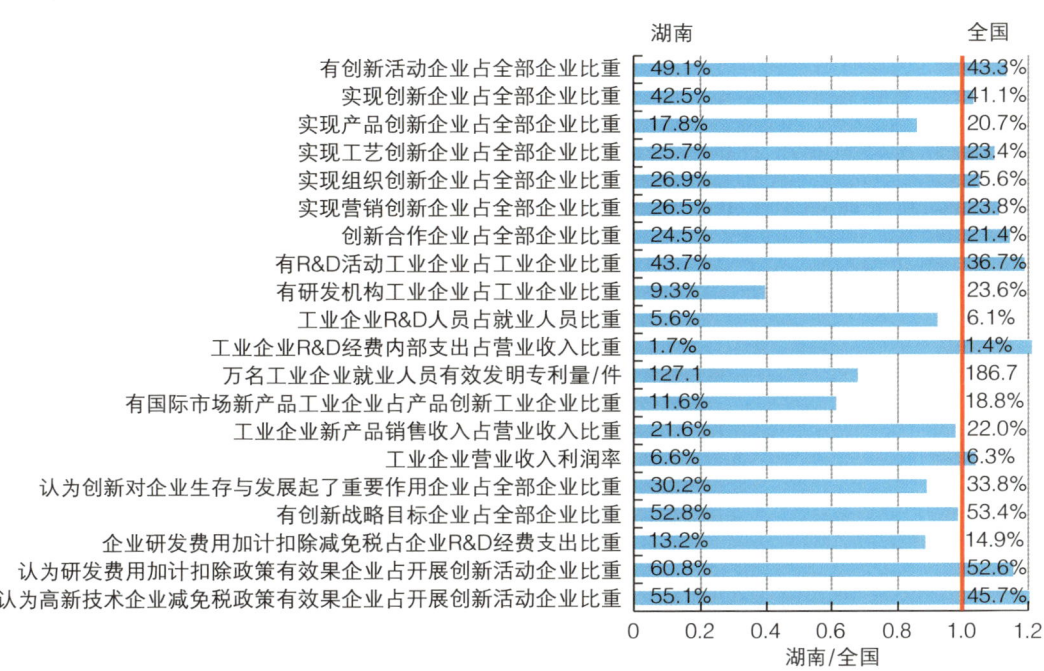

图5-35 湖南企业创新能力:与全国对比

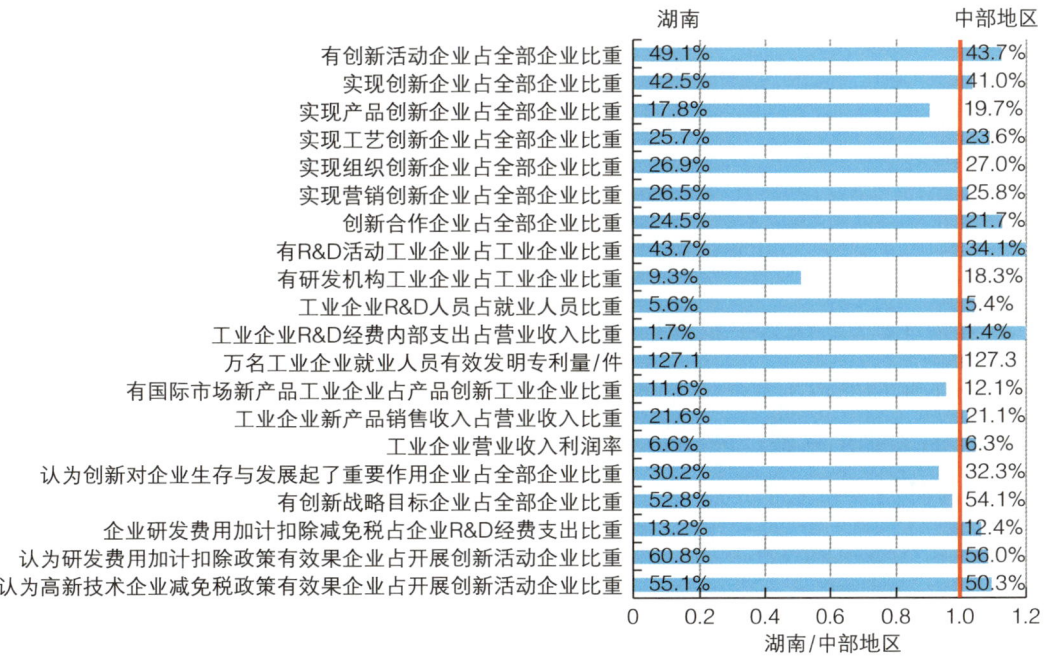

图5-36 湖南企业创新能力:与中部地区对比

19. 广东

广东全部指标均高于全国平均水平，呈创新引领之势。有研发机构工业企业占工业企业比重、万名工业企业就业人员有效发明专利量和有国际市场新产品工业企业占产品创新工业企业比重优势明显，分别达到全国平均水平的 185.9%、178.3% 和 152.1%（图 5-37）。

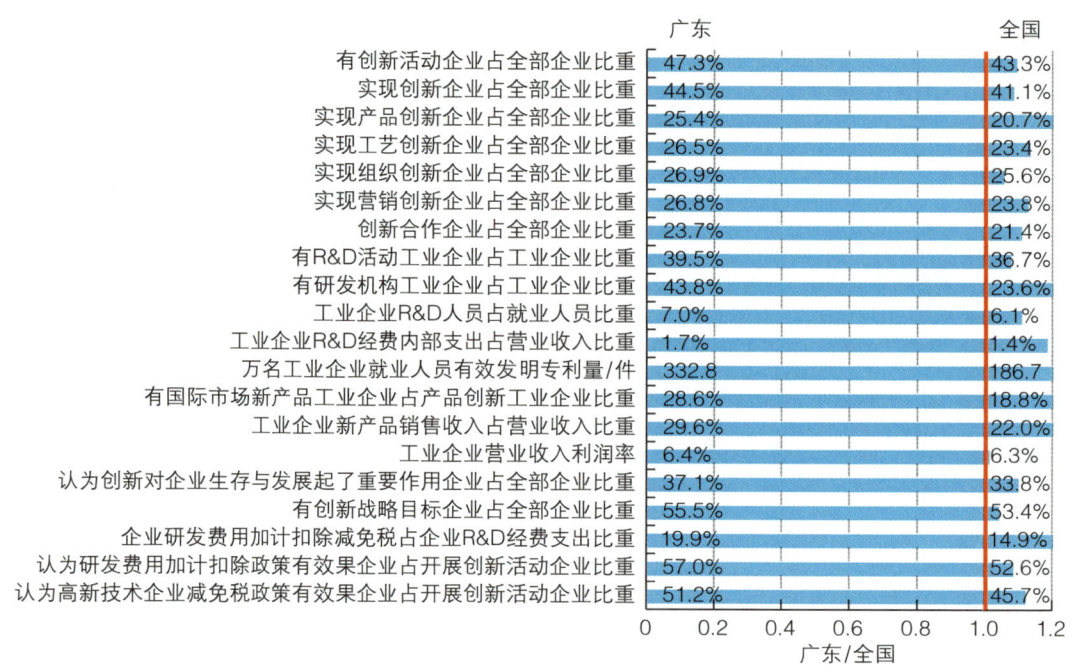

图5-37　广东企业创新能力：与全国对比

广东有 18 个指标高于东部地区平均水平，是东部地区企业创新的主导力量。有研发机构工业企业占工业企业比重、万名工业企业就业人员有效发明专利量和有国际市场新产品工业企业占产品创新工业企业比重优势明显，分别达到地区平均水平的 147.2%、141.8% 和 129.8%；有 R&D 活动工业企业占工业企业比重和工业企业 R&D 人员占就业人员比重略有不足，为地区平均水平的 94.3% 和 97.8%（图 5-38）。

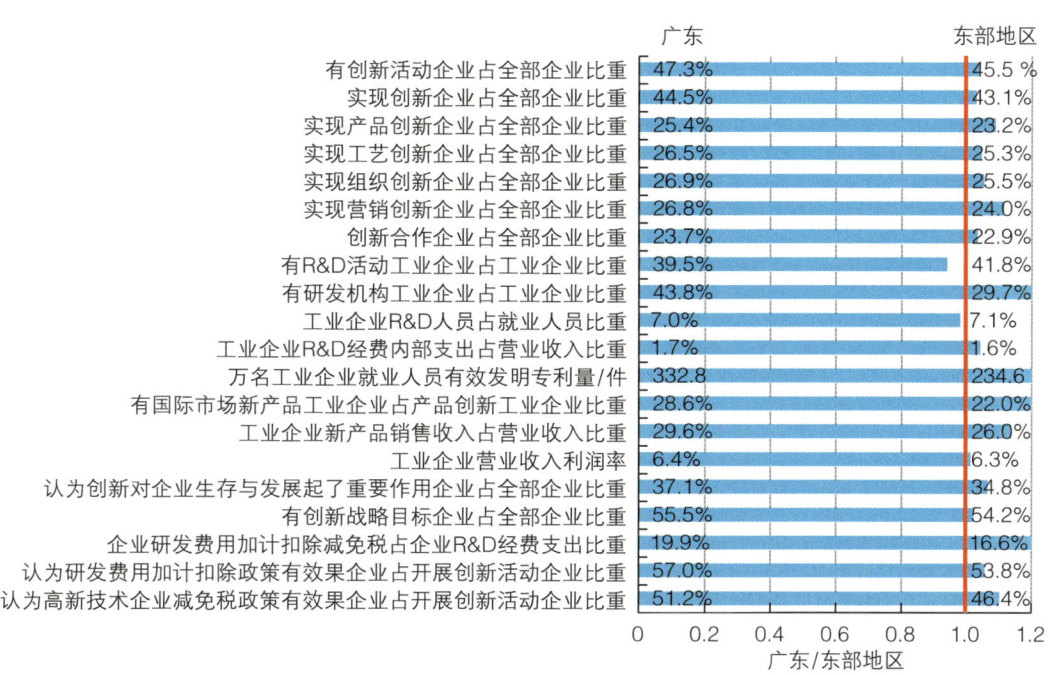

图5-38 广东企业创新能力：与东部地区对比

20. 广西

广西有1个指标高于全国平均水平，企业研发费用加计扣除减免税占企业R&D经费支出比重为全国平均水平的121.8%；有研发机构工业企业占工业企业比重、有R&D活动工业企业占工业企业比重和万名工业企业就业人员有效发明专利量存在明显不足，分别仅为全国平均水平的23.3%、32.9%和36.9%（图5-39）。

广西有4个指标高于西部地区平均水平，企业研发费用加计扣除减免税占企业R&D经费支出比重、工业企业新产品销售收入占营业收入比重、有国际市场新产品工业企业占产品创新工业企业比重分别为地区平均水平的176.5%、124.3%和118.9%；其在有R&D活动工业企业占工业企业比重和有研发机构工业企业占工业企业比重落后明显，分别仅为地区平均水平的49.8%和51.6%（图5-40）。

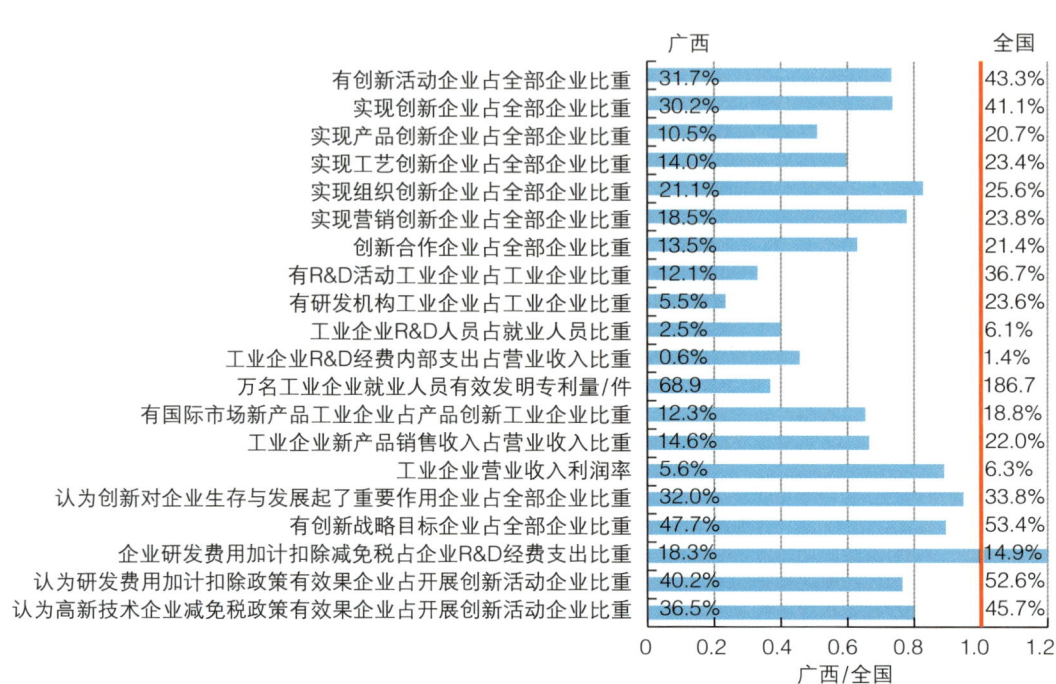

图5-39　广西企业创新能力：与全国对比

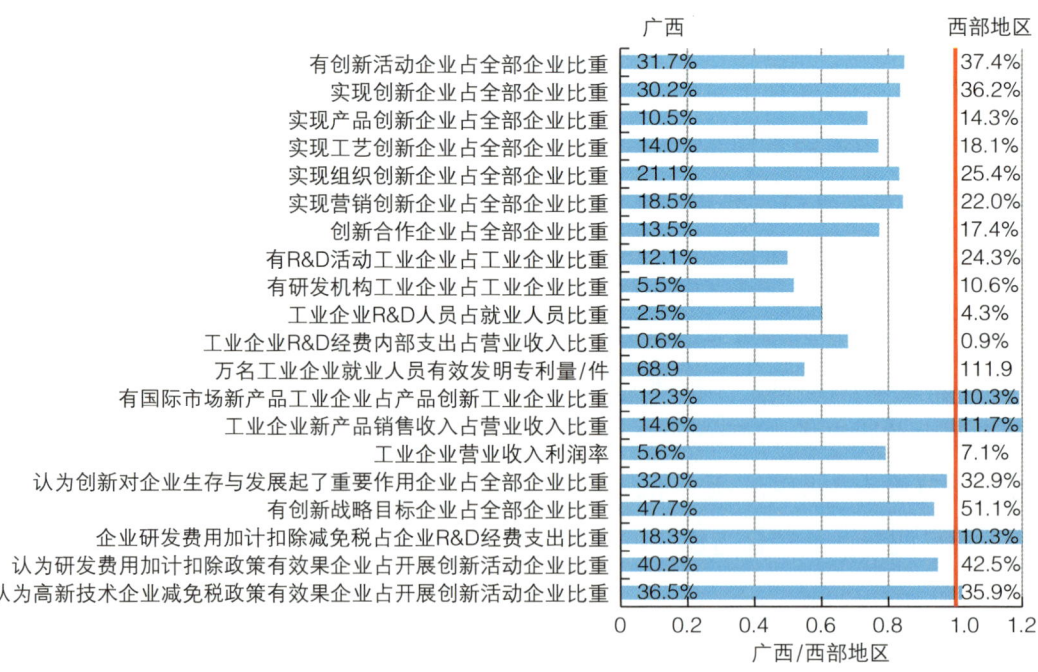

图5-40　广西企业创新能力：与西部地区对比

21. 海南

海南有 2 个指标高于全国平均水平，企业研发费用加计扣除减免税占企业 R&D 经费支出比重、认为创新对企业生存与发展起了重要作用企业占全部企业比重分别达到全国平均水平的 248.2% 和 105.2%；工业企业新产品销售收入占营业收入比重、有研发机构工业企业占工业企业比重和工业企业 R&D 经费内部支出占营业收入比重落后显著，分别仅为全国平均水平的 28.3%、37.0% 和 38.4%（图 5-41）。

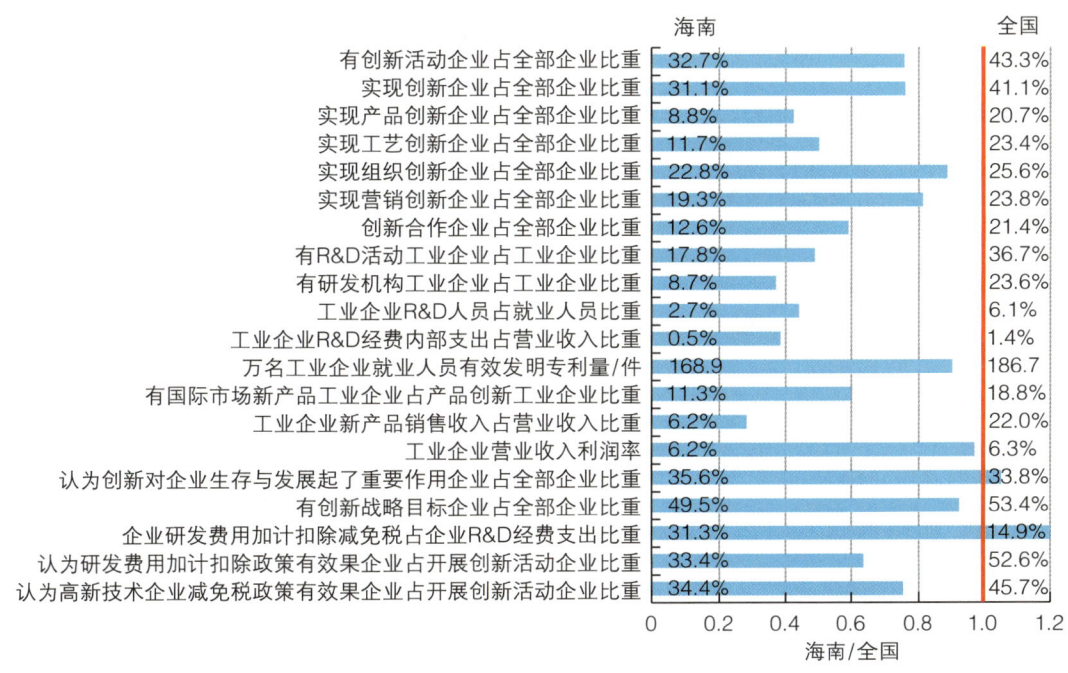

图 5-41　海南企业创新能力：与全国对比

海南有 2 个指标高于东部地区平均水平，企业研发费用加计扣除减免税占企业 R&D 经费支出比重、认为创新对企业生存与发展起了重要作用企业占全部企业比重具有优势，分别为地区平均水平的 221.3% 和 102.4%；工业企业新产品销售收入占营业收入比重、有研发机构工业企业占工业企业比重和工业企业 R&D 经费内部支出占营业收入比重落后较多，分别仅为地区平均水平的 24.0%、29.3% 和 33.8%（图 5-42）。

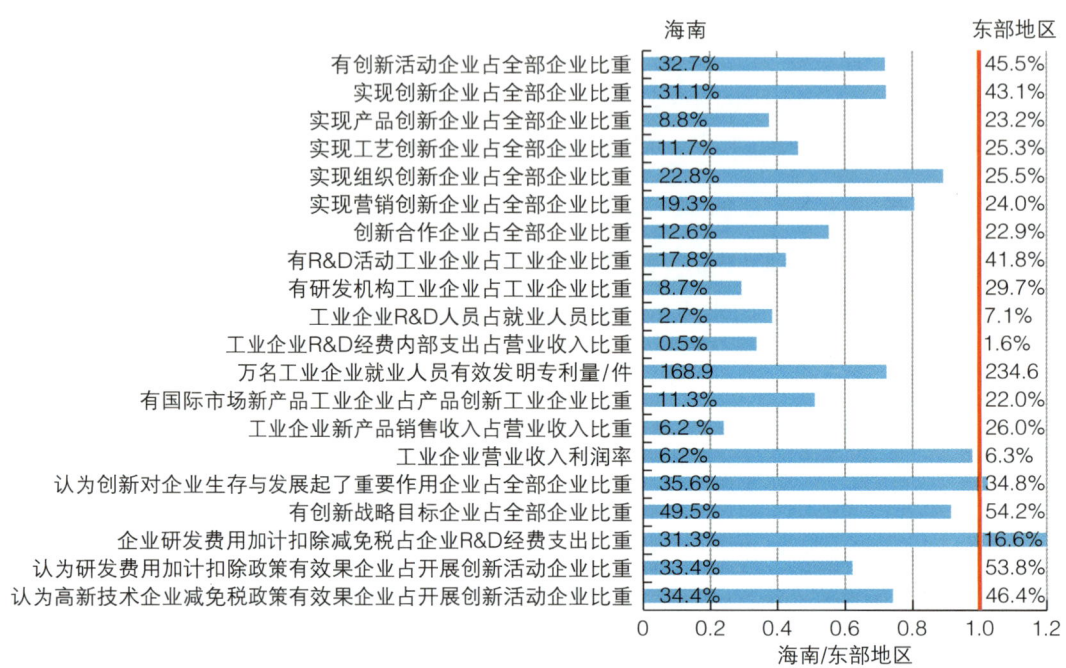

图5-42 海南企业创新能力：与东部地区对比

22. 重庆

重庆有11个指标高于全国平均水平，有研发机构工业企业占工业企业比重、工业企业新产品销售收入占营业收入比重、工业企业R&D经费内部支出占营业收入比重优势明显，分别为全国平均水平的116.7%、116.1%和114.7%；企业研发费用加计扣除减免税占企业R&D经费支出比重、有国际市场新产品工业企业占产品创新工业企业比重相对不足，分别为全国平均水平的51.7%和58.1%（图5-43）。

重庆有18个指标高于西部地区平均水平，具有引领西部地区创新的实力。有研发机构工业企业占工业企业比重、工业企业新产品销售收入占营业收入比重和有R&D活动工业企业占工业企业比重优势明显，分别达到地区平均水平的258.8%、217.6%和171.0%；企业研发费用加计扣除减免税占企业R&D经费支出比重相对落后，为地区平均水平的74.9%（图5-44）。

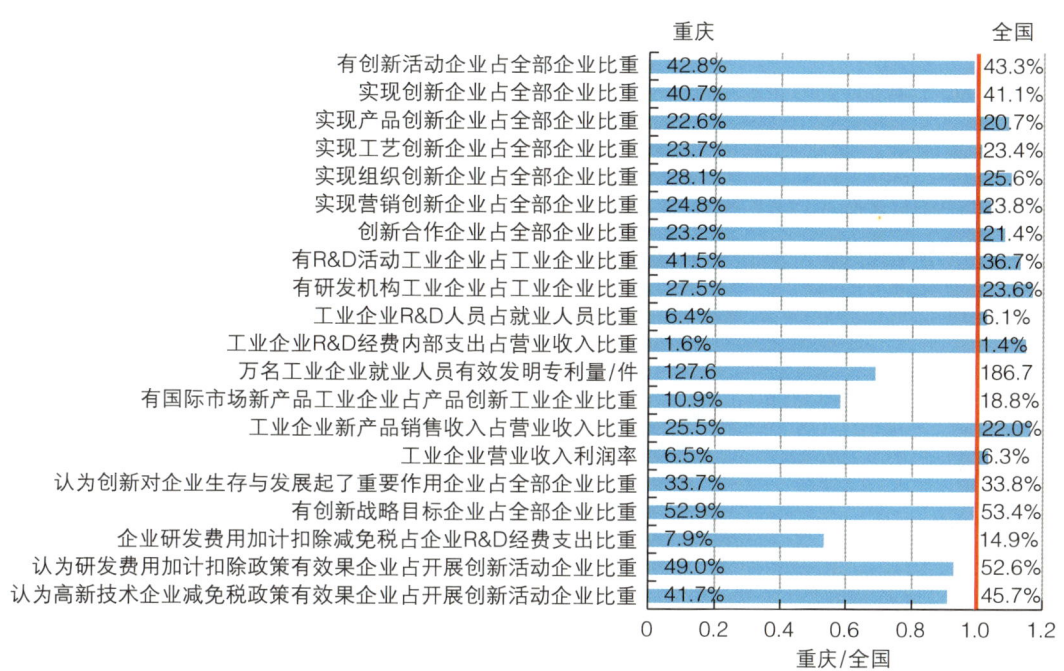

图5-43 重庆企业创新能力：与全国对比

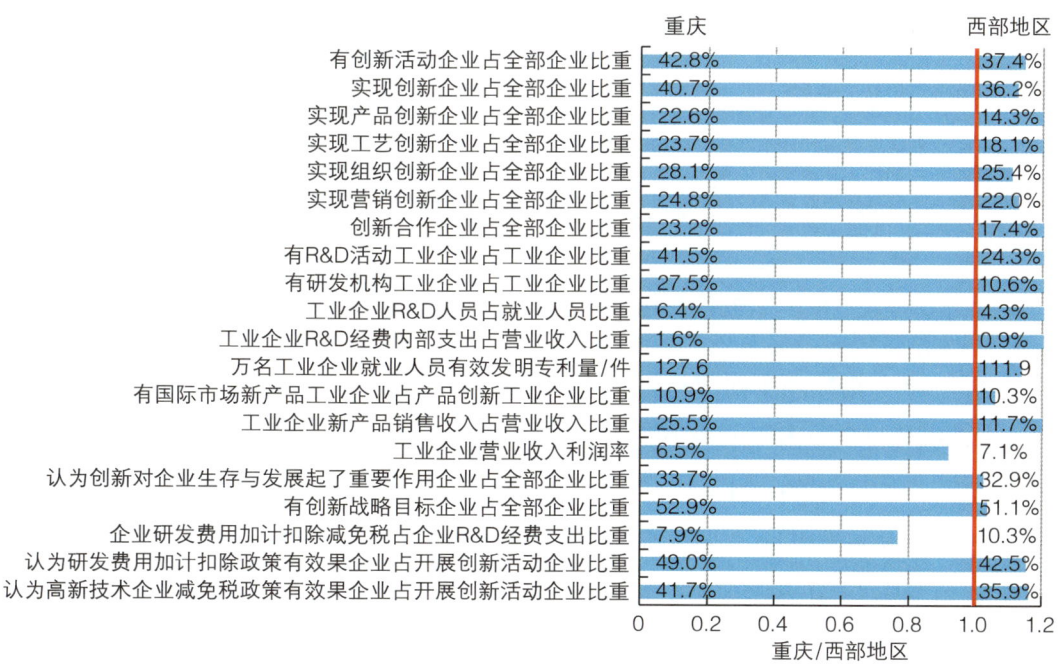

图5-44 重庆企业创新能力：与西部地区对比

23. 四川

四川有3个指标高于全国平均水平，工业企业营业收入利润率、实现组织创新企业占全部企业比重、实现营销创新企业占全部企业比重表现较好，分别达到全国平均水平的115.1%、107.6%和101.8%；有研发机构工业企业占工业企业比重和工业企业新产品销售收入占营业收入比重表现相对不足，分别仅为全国平均水平的41.3%和48.6%（图5-45）。

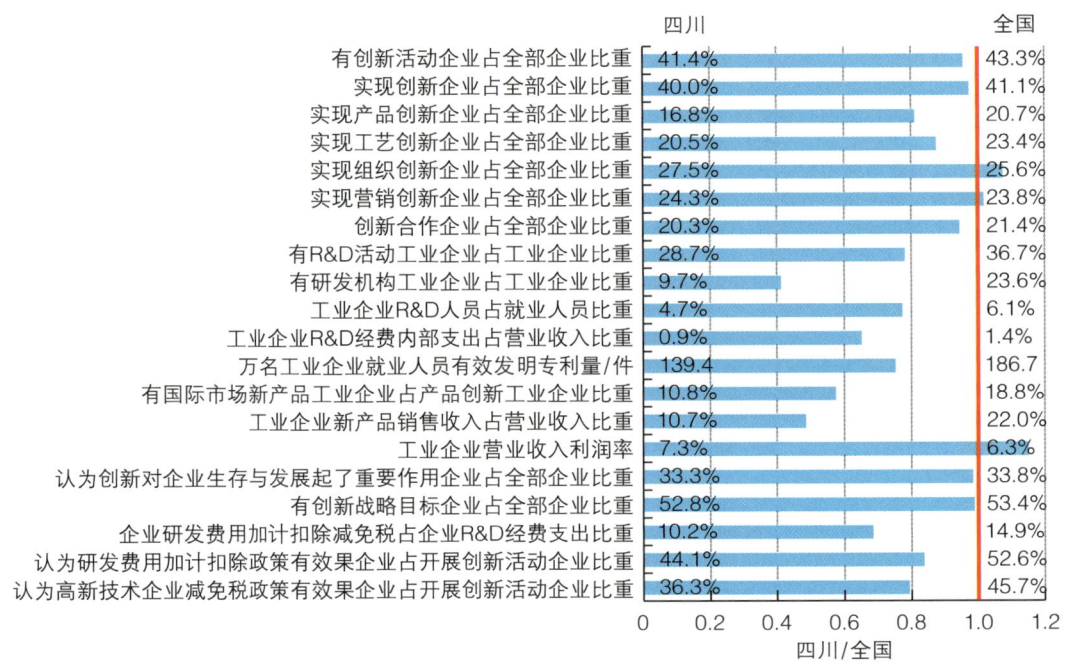

图5-45 四川企业创新能力：与全国对比

四川有16个指标高于西部地区平均水平，万名工业企业就业人员有效发明专利量、有R&D活动工业企业占工业企业比重和实现产品创新企业占全部企业比重优势明显，分别为地区平均水平的124.6%、118.3%和117.6%；工业企业新产品销售收入占营业收入比重和有研发机构工业企业占工业企业比重仍有一定提升空间，分别为地区平均水平的91.1%和91.5%（图5-46）。

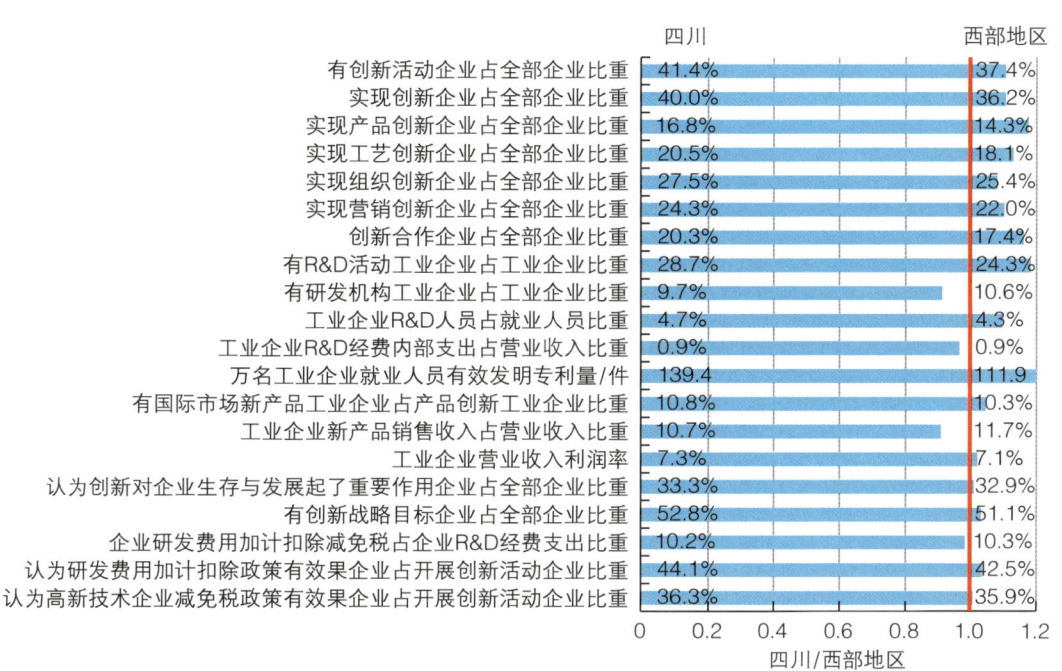

图5-46 四川企业创新能力：与西部地区对比

24. 贵州

贵州有4个指标高于全国平均水平，工业企业营业收入利润率、实现组织创新企业占全部企业比重和认为创新对企业生存与发展起了重要作用企业占全部企业比重表现较好，分别为全国平均水平的199.0%、107.9%和100.7%；工业企业新产品销售收入占营业收入比重、企业研发费用加计扣除减免税占企业R&D经费支出比重和有国际市场新产品工业企业占产品创新工业企业比重存在较大不足，分别仅为全国平均水平的42.7%、45.6%和46.6%（图5-47）。

贵州有13个指标高于西部地区平均水平，工业企业营业收入利润率、有研发机构工业企业占工业企业比重、工业企业R&D人员占就业人员比重优势明显，分别为地区平均水平的176.9%、126.7%和124.5%；企业研发费用加计扣除减免税占企业R&D经费支出比重有待提升，为地区平均水平的66.0%（图5-48）。

第五章 区域企业创新能力比较 99

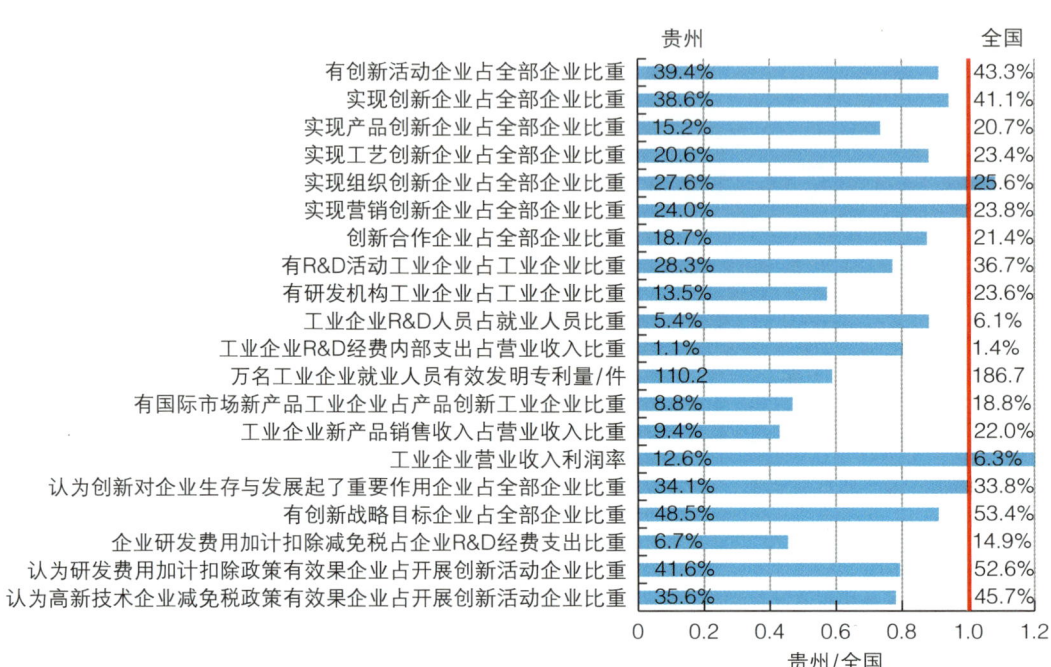

图5-47 贵州企业创新能力：与全国对比

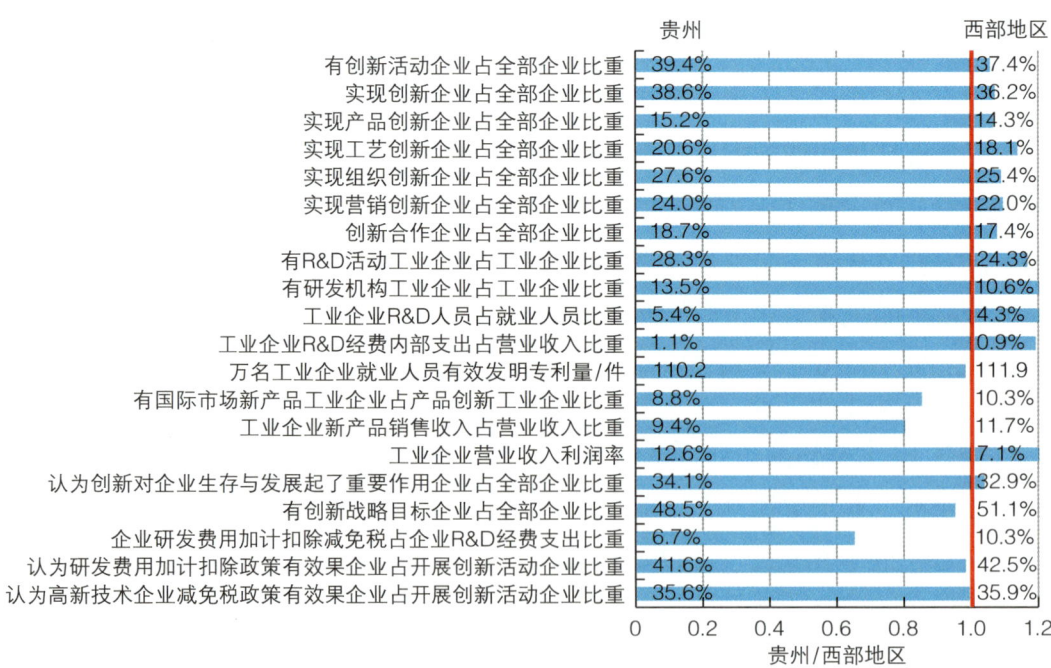

图5-48 贵州企业创新能力：与西部地区对比

25. 云南

云南有 5 个指标高于全国平均水平，工业企业营业收入利润率、认为创新对企业生存与发展起了重要作用企业占全部企业比重、实现组织创新企业占全部企业比重略有优势，分别为全国平均水平的 118.1%、113.1% 和 108.1%；工业企业新产品销售收入占营业收入比重、有研发机构工业企业占工业企业比重和有国际市场新产品工业企业占产品创新工业企业比重存在明显不足，分别仅为全国平均水平的 37.0%、42.2% 和 42.6%（图 5-49）。

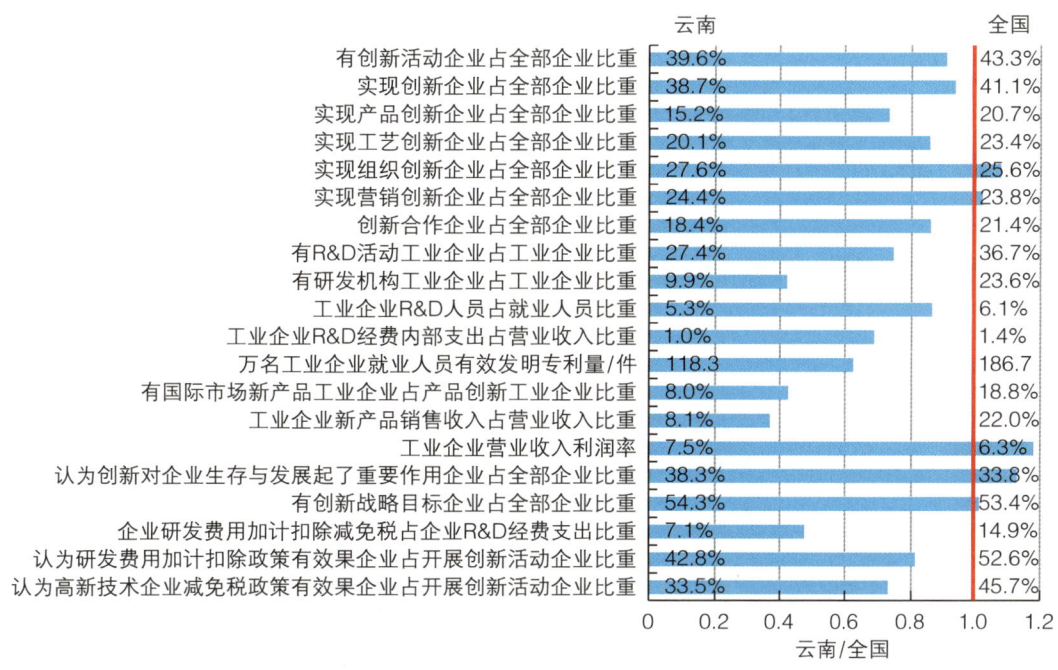

图 5-49　云南企业创新能力：与全国对比

云南有 15 个指标高于西部地区平均水平，工业企业 R&D 人员占就业人员比重、认为创新对企业生存与发展起了重要作用企业占全部企业比重和有 R&D 活动工业企业占工业企业比重和实现营销创新企业占全部企业比重优势较明显，分别为地区平均水平的 123.9%、116.3% 和 112.9%；企业研发费用加计扣除减免税占企业 R&D 经费支出比重和工业企业新产品销售收入占营业收入比重相对不足，分别为地区平均水平的 66.9% 和 69.4%（图 5-50）。

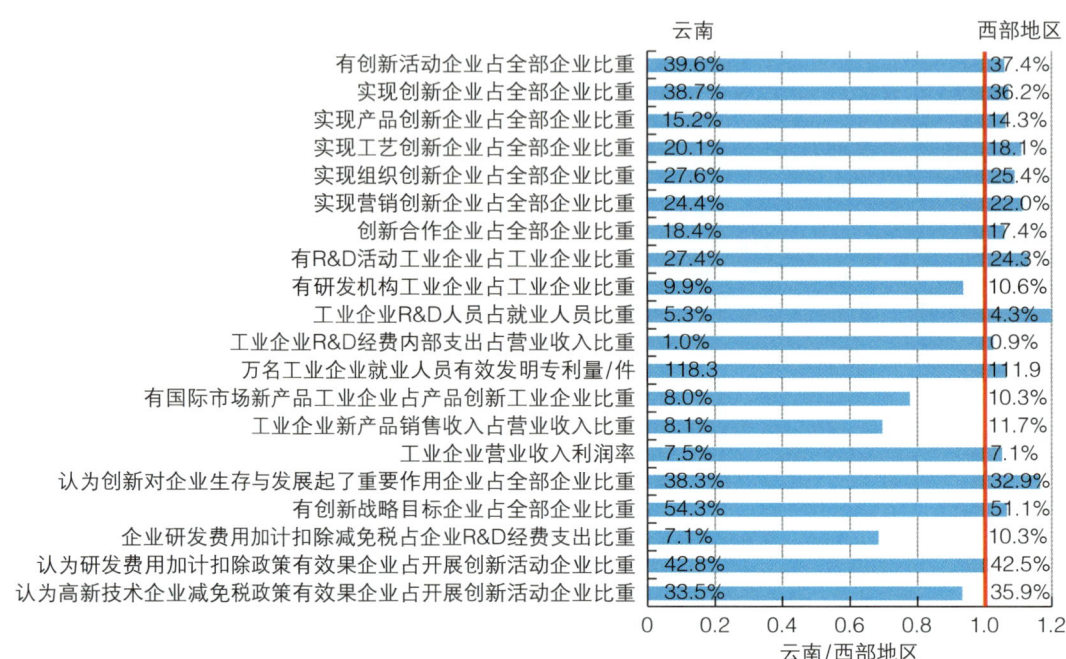

图5-50　云南企业创新能力：与西部地区对比

26. 西藏

西藏有2个指标高于全国平均水平，企业研发费用加计扣除减免税占企业R&D经费支出比重和实现组织创新企业占全部企业比重表现较好，分别为全国平均水平的118.6%和107.1%；工业企业新产品销售收入占营业收入比重、有研发机构工业企业占工业企业比重和工业企业R&D经费内部支出占营业收入比重落后较多，分别仅为全国平均水平的4.7%、7.6%和19.1%（图5-51）。

西藏有5个指标高于西部地区平均水平，企业研发费用加计扣除减免税占企业R&D经费支出比重、实现组织创新企业占全部企业比重和实现营销创新企业占全部企业比重有一定优势，分别为地区平均水平的171.8%、107.8%和105.5%；工业企业新产品销售收入占营业收入比重落后较多，仅为地区平均水平的8.9%（图5-52）。

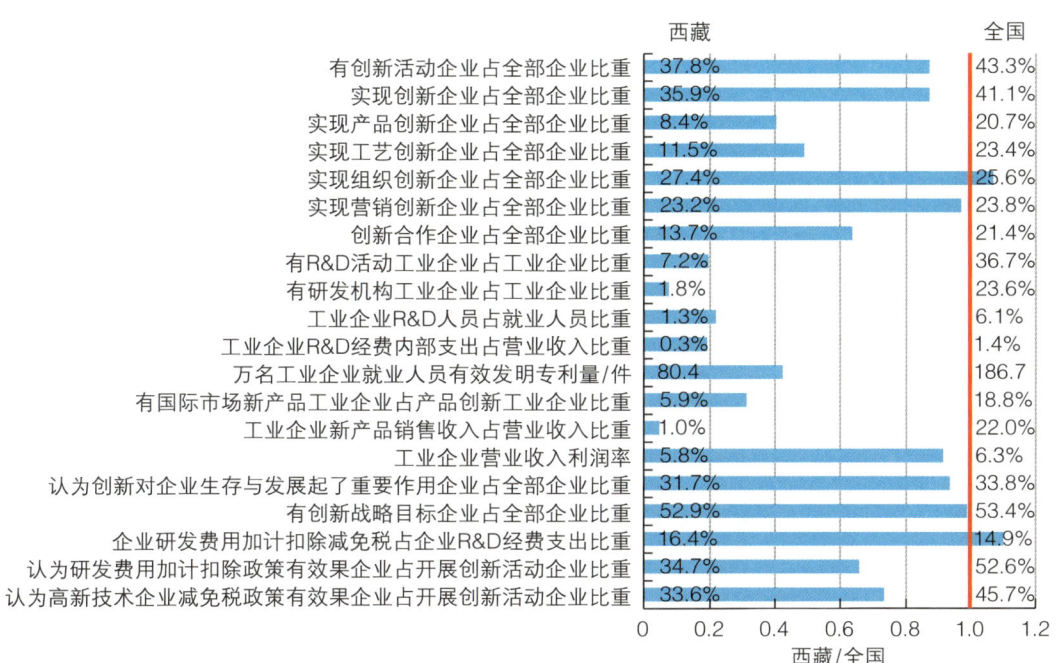

图5-51 西藏企业创新能力：与全国对比

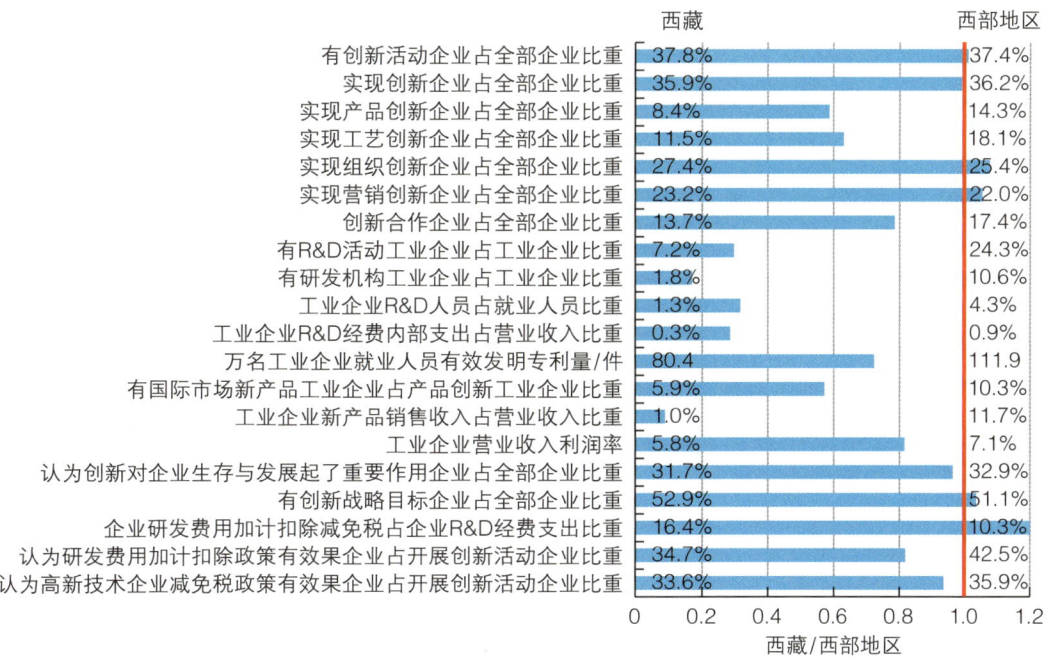

图5-52 西藏企业创新能力：与西部地区对比

27. 陕西

陕西有2个指标高于全国平均水平，工业企业营业收入利润率和实现组织创新企业占全部企业比重具有一定优势，分别为全国平均水平的132.0%和104.7%；有研发机构工业企业占工业企业比重明显不足，仅为全国平均水平的32.2%（图5-53）。

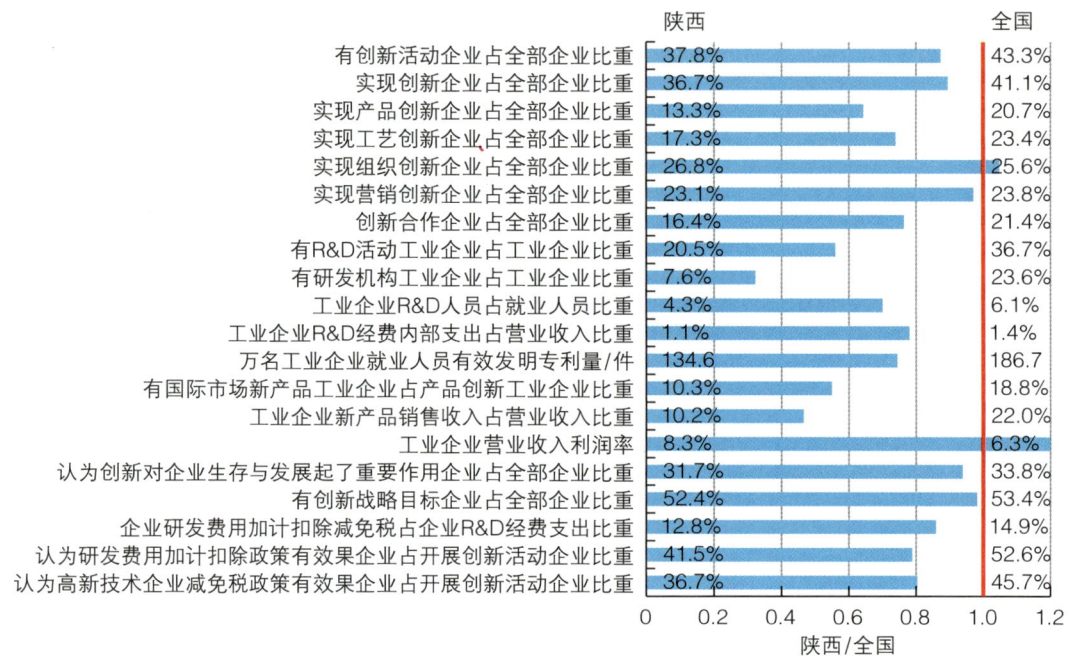

图5-53　陕西企业创新能力：与全国对比

陕西有12个指标高于西部地区平均水平，企业研发费用加计扣除减免税占企业R&D经费支出比重、万名工业企业就业人员有效发明专利量和工业企业营业收入利润率优势明显，分别达到地区平均水平的127.5%、120.3%和117.4%；有研发机构工业企业占工业企业比重存在不足，为地区平均水平的71.3%（图5-54）。

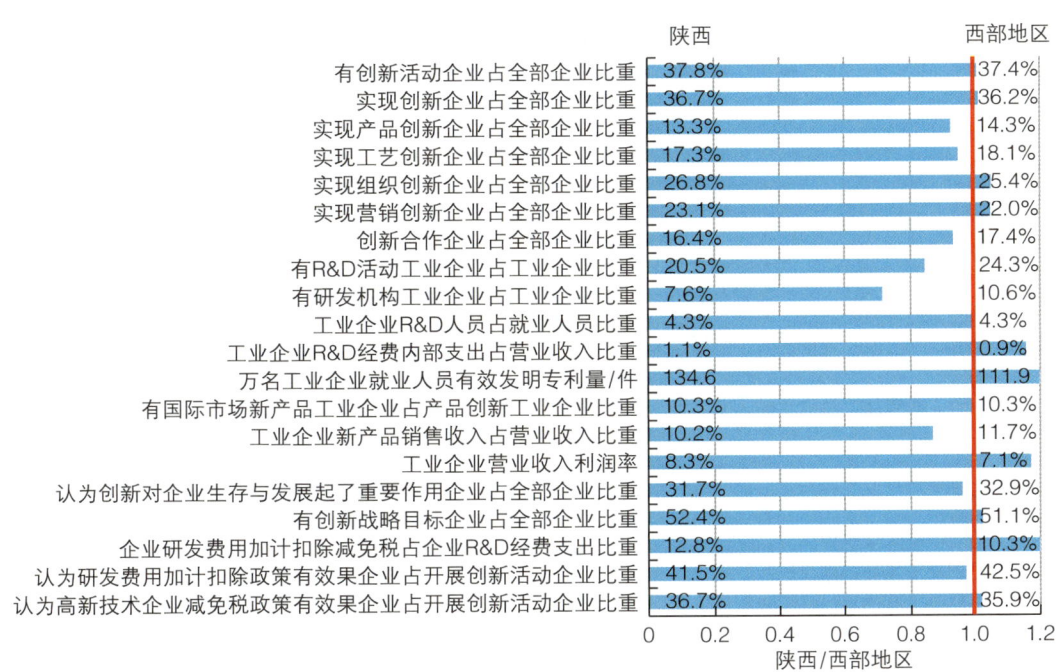

图5-54 陕西企业创新能力：与西部地区对比

28. 甘肃

甘肃有2个指标略高于全国平均水平，有创新战略目标企业占全部企业比重和实现组织创新企业占全部企业比重分别为全国平均水平的102.7%和100.7%；有研发机构工业企业占工业企业比重和工业企业新产品销售收入占营业收入比重明显落后，分别仅为全国平均水平的28.9%和34.7%（图5-55）。

甘肃有5个指标高于西部地区平均水平，企业研发费用加计扣除减免税占企业R&D经费支出比重、有创新战略目标企业占全部企业比重、认为创新对企业生存与发展起了重要作用企业占全部企业比重略占优势，分别为地区平均水平的122.8%、107.4%和102.2%；工业企业营业收入利润率、有研发机构工业企业占工业企业比重和工业企业新产品销售收入占营业收入比重相对不足，分别仅为地区平均水平的55.6%、64.1%和65.0%（图5-56）。

中国企业创新能力评价报告 2022

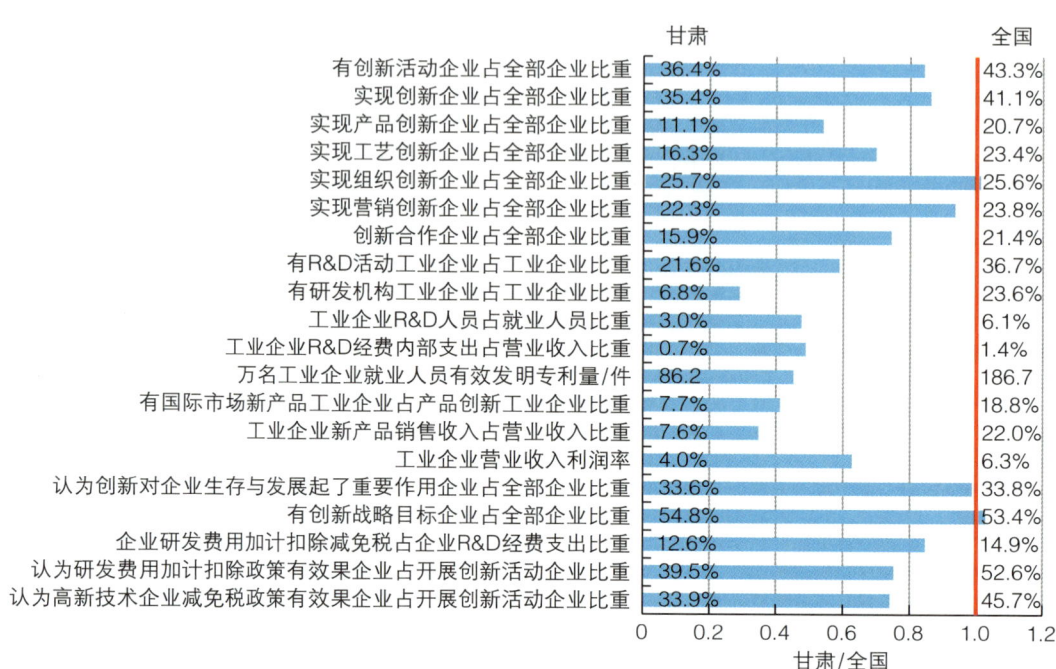

图5-55 甘肃企业创新能力：与全国对比

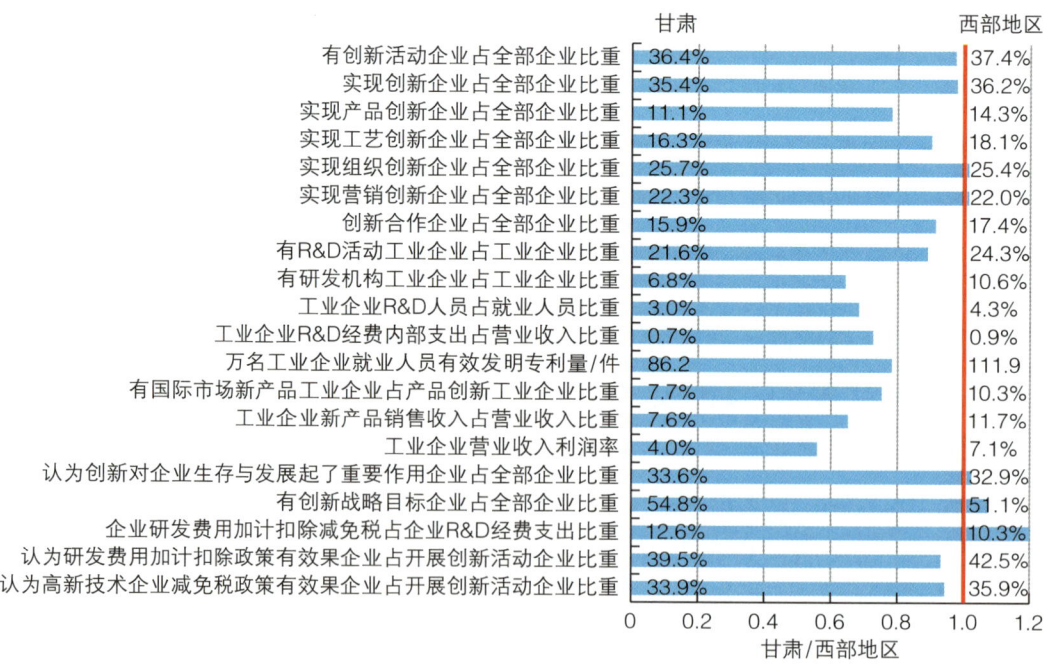

图5-56 甘肃企业创新能力：与西部地区对比

29. 青海

青海有 1 个指标高于全国平均水平，企业研发费用加计扣除减免税占企业 R&D 经费支出比重优势明显，达到全国平均水平的 152.0%；有国际市场新产品工业企业占产品创新工业企业比重和有研发机构工业企业占工业企业比重存在明显短板，分别仅为全国平均水平的 22.9% 和 24.2%（图 5-57）。

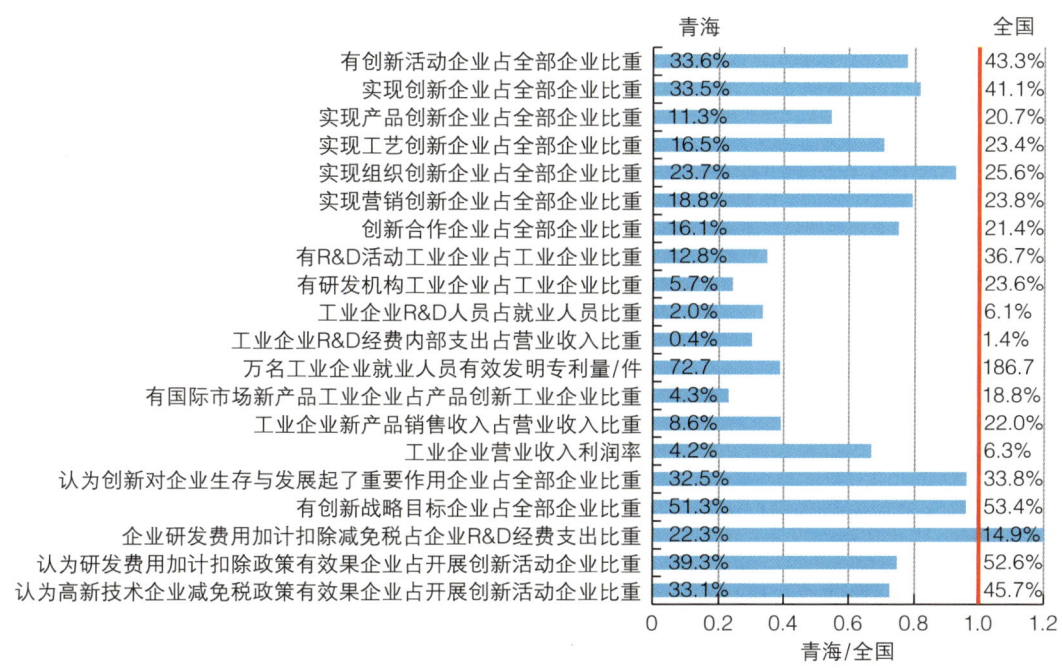

图5-57　青海企业创新能力：与全国对比

青海有 2 个指标高于西部地区平均水平，企业研发费用加计扣除减免税占企业 R&D 经费支出比重和有创新战略目标企业占全部企业比重有一定优势，分别为地区平均水平的 220.2% 和 100.5%；有国际市场新产品工业企业占产品创新工业企业比重较为落后，仅为地区平均水平的 41.7%（图 5-58）。

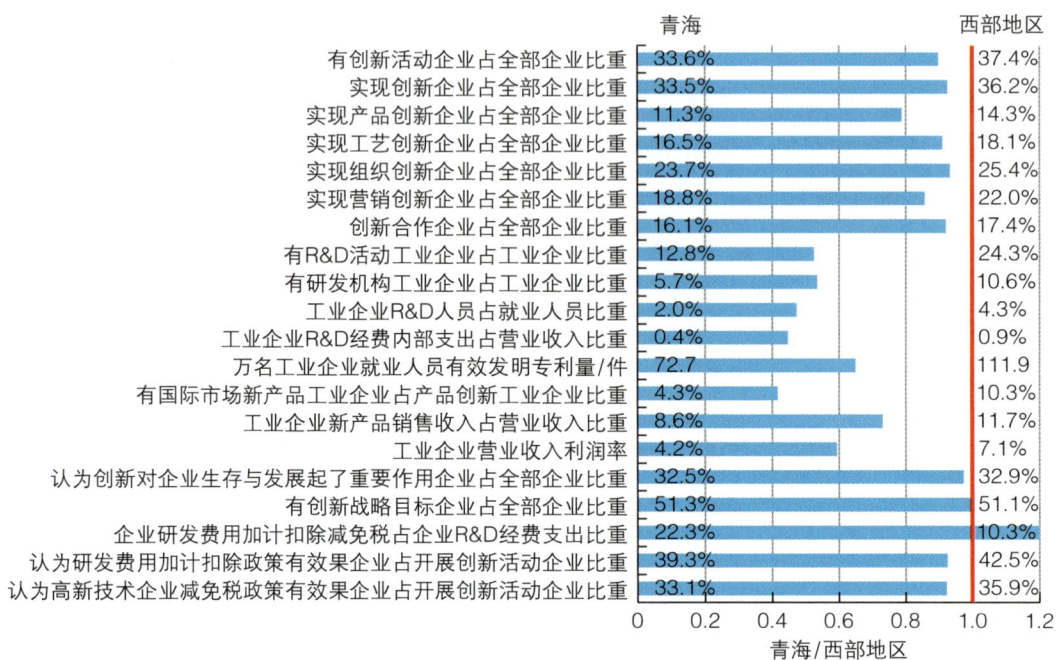

图5-58 青海企业创新能力：与西部地区对比

30. 宁夏

宁夏有6个指标高于全国平均水平，实现工艺创新企业占全部企业比重、创新合作企业占全部企业比重、认为创新对企业生存与发展起了重要作用企业占全部企业比重优势较为明显，分别为全国平均水平的113.0%、110.9%和107.6%；有国际市场新产品工业企业占产品创新工业企业比重和工业企业新产品销售收入占营业收入比重表现不佳，分别仅为全国平均水平的42.8%和43.5%（图5-59）。

宁夏有14个指标高于西部地区平均水平，有研发机构工业企业占工业企业比重、实现工艺创新企业占全部企业比重和有R&D活动工业企业占工业企业比重优势明显，分别达到地区平均水平的164.6%、145.9%和140.2%；工业企业营业收入利润率有待提高，为地区平均水平的57.0%（图5-60）。

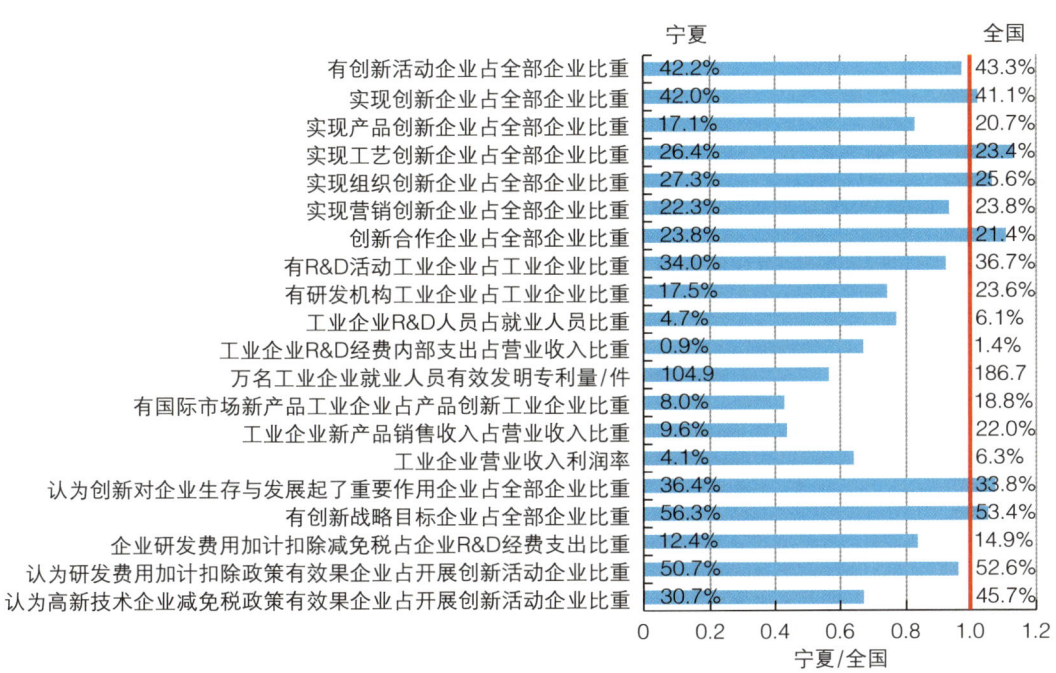

图5-59 宁夏企业创新能力：与全国对比

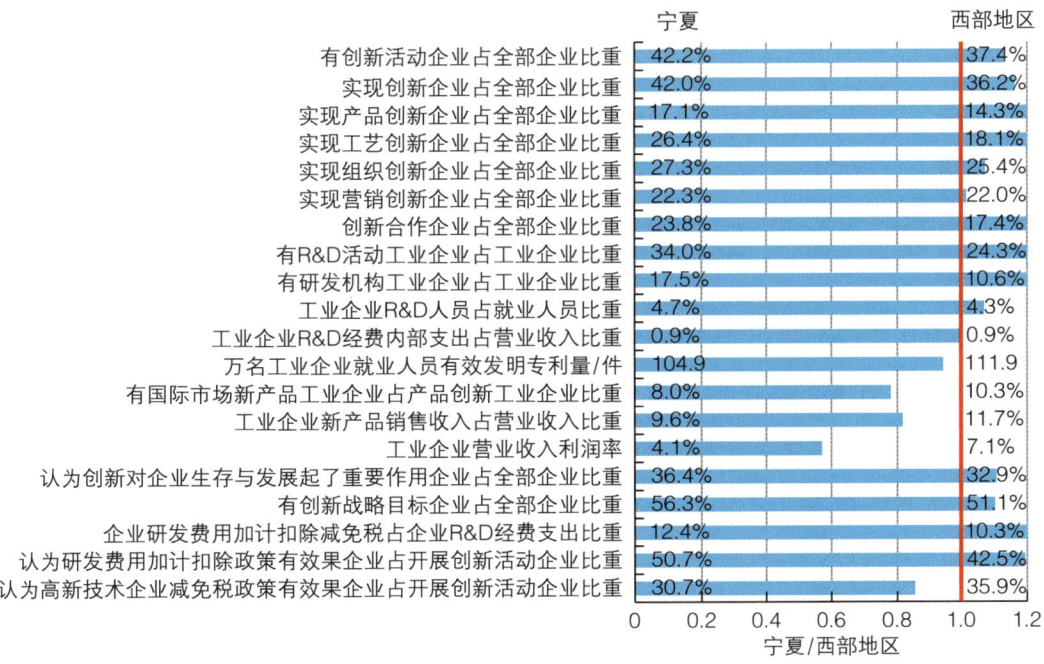

图5-60 宁夏企业创新能力：与西部地区对比

31. 新疆

新疆有1个指标高于全国平均水平，企业研发费用加计扣除减免税占企业R&D经费支出比重为全国平均水平的115.9%；有研发机构工业企业占工业企业比重、有R&D活动工业企业占工业企业比重和工业企业R&D人员占就业人员比重明显落后，分别仅为全国平均水平的9.2%、13.9%和20.7%（图5-61）。

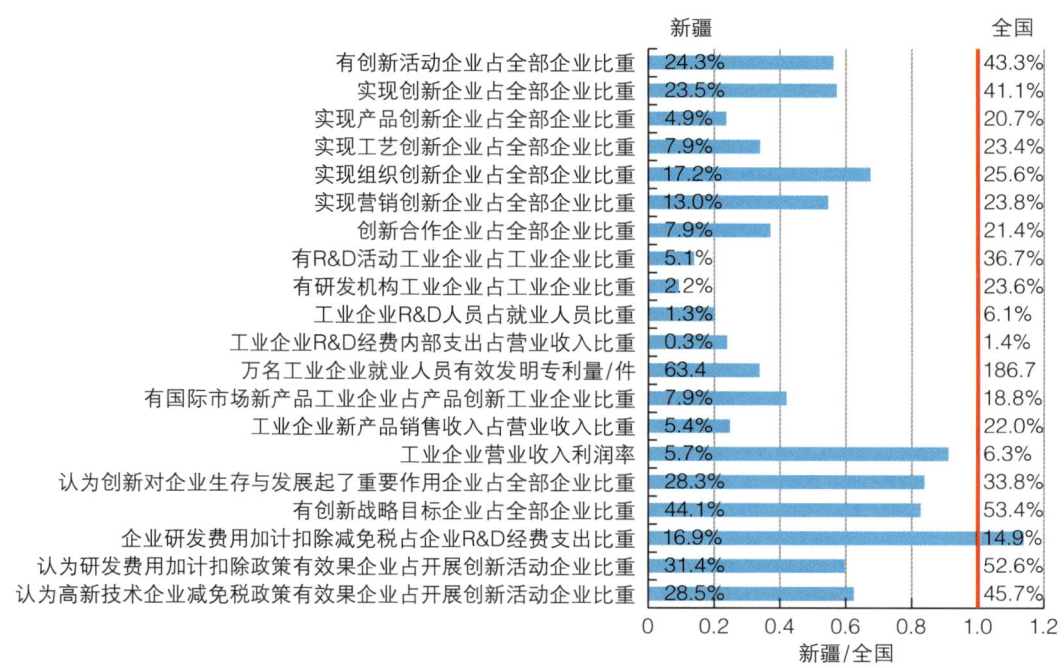

图5-61　新疆企业创新能力：与全国对比

新疆有1个指标高于西部地区平均水平，企业研发费用加计扣除减免税占企业R&D经费支出比重为地区平均水平的167.9%；有研发机构工业企业占工业企业比重、有R&D活动工业企业占工业企业比重、工业企业R&D人员占就业人员比重存在明显不足，分别仅为地区平均水平的20.5%、21.0%和29.5%（图5-62）。

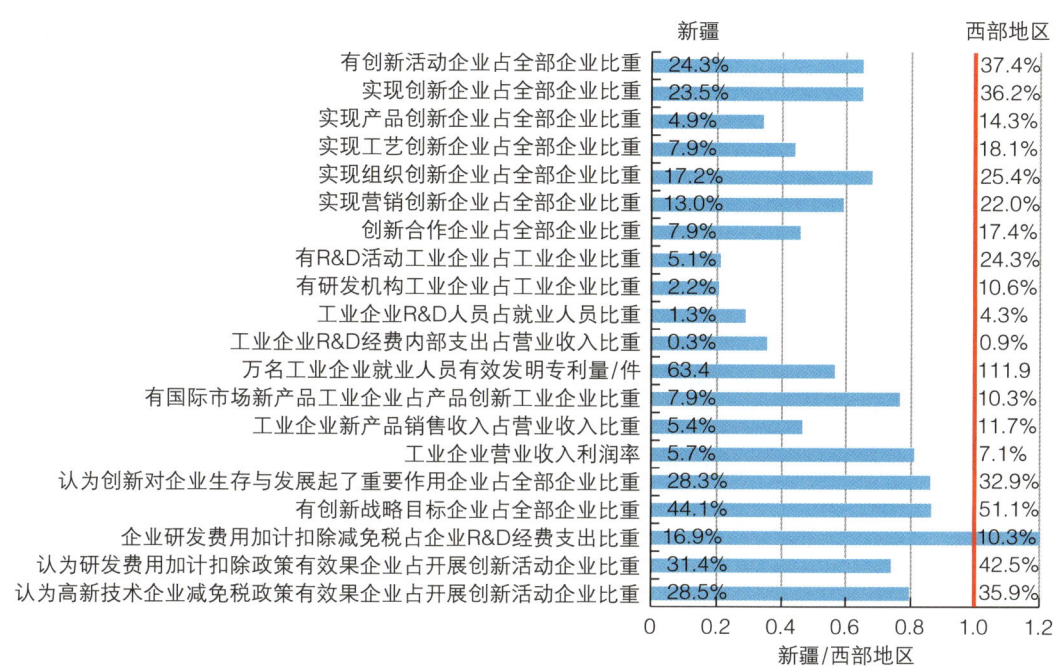

图5-62 新疆企业创新能力：与西部地区对比

总体来看，全国各省（自治区、直辖市）企业创新能力差异明显。超过全国平均水平指标10个及以上的省（自治区、直辖市）有8个，其中广东超过全国平均水平指标数达20个，另有8个省（自治区、直辖市）超过全国平均水平指标数不足2个（表5-1）。

国内涌现一些处于创新高地的创新领先地区。广东超过全国平均水平指标数达到20个；江苏、安徽超过全国平均水平指标数均达到18个；浙江超过全国平均水平指标数达到17个；北京、江西、山东、湖北、湖南和重庆均有10个及以上指标超过全国平均水平。

东部、中部、西部和东北地区也出现了引领区域发展的创新领先省（自治区、直辖市）。广东有18个指标超过东部地区平均水平；安徽有20个指标超过中部地区平均水平；重庆有18个指标超过西部地区平均水平；辽宁有16个指标超过东北地区平均水平。

与 2019 年相比，2020 年部分省（自治区、直辖市）的创新能力指标波动较大。以全国平均水平为基准，领先指标数下降明显的省（直辖市）有天津、上海、四川和陕西；落后指标数提升明显的省份有湖北和山东；以地区平均水平为基准，领先指标数下降明显的省（直辖市）有天津、上海、江苏、宁夏和青海；落后指标数提升明显的省份有西藏、黑龙江和甘肃。

表5-1 各省（自治区、直辖市）高于全国、地区平均水平的指标数量（2016—2020年）

省（自治区、直辖市）	高于全国平均水平					高于地区平均水平				
	2020年	2019年	2018年	2017年	2016年	2020年	2019年	2018年	2017年	2016年
北京	10	9	12	11	14	8	7	8	10	10
天津	2	5	9	7	12	0	3	5	6	11
河北	1	2	0	1	5	0	0	0	0	3
山西	0	1	1	0	2	2	1	1	1	1
内蒙古	1	1	1	1	1	2	2	2	3	3
辽宁	3	3	3	4	5	16	15	16	18	11
吉林	1	2	1	2	2	9	10	5	3	9
黑龙江	0	1	1	0	0	4	2	1	3	5
上海	9	11	12	14	13	5	7	10	12	10
江苏	18	18	18	18	19	14	16	16	16	15
浙江	17	17	15	17	17	16	15	14	16	15
安徽	18	17	17	16	17	20	19	18	19	19
福建	2	2	4	3	4	1	1	2	2	0
江西	10	9	9	6	6	12	11	9	12	11
山东	11	8	3	6	2	5	4	1	2	2
河南	2	1	3	1	3	1	1	1	1	1
湖北	14	10	13	12	7	15	16	16	16	14
湖南	11	11	9	9	9	13	13	11	10	14
广东	20	20	19	18	13	18	17	18	14	8
广西	1	1	2	2	3	4	3	3	2	4
海南	2	3	3	6	4	2	3	3	6	4
重庆	11	10	13	11	7	18	18	18	16	15

续表

省（自治区、直辖市）	高于全国平均水平					高于地区平均水平				
	2020年	2019年	2018年	2017年	2016年	2020年	2019年	2018年	2017年	2016年
四川	3	5	6	6	5	16	17	16	14	13
贵州	4	2	1	1	5	13	14	4	6	6
云南	5	5	5	9	8	15	15	13	15	14
西藏	2	2	3	5	4	5	1	3	7	7
陕西	2	4	4	4	5	12	12	15	15	15
甘肃	2	2	2	3	2	5	3	2	7	5
青海	1	2	4	0	3	2	4	5	4	6
宁夏	6	5	2	8	7	14	16	13	14	13
新疆	1	0	2	1	2	1	0	3	1	2